TRANZLATY

Language is for everyone

Jazyk je pro každého

The Call of the Wild

Volání divočiny

Jack London

English / Čeština

Into the Primitive
Do primitivu

Buck did not read the newspapers.
Buck nečetl noviny.
Had he read the newspapers he would have known trouble was brewing.
Kdyby si přečetl noviny, věděl by, že se chystají problémy.
There was trouble not alone for himself, but for every tidewater dog.
Neměl s tím potíže jen on sám, ale všichni psi z přílivu a odlivu.
Every dog strong of muscle and with warm, long hair was going to be in trouble.
Každý pes silný a svalnatý s teplou, dlouhou srstí bude mít problém.
From Puget Bay to San Diego no dog could escape what was coming.
Od Puget Bay po San Diego se žádný pes nemohl vyhnout tomu, co přicházelo.
Men, groping in the Arctic darkness, had found a yellow metal.
Muži, tápající v arktické temnotě, našli žlutý kov.
Steamship and transportation companies were chasing the discovery.
Parníky a dopravní společnosti se o objev usilovně snažily.
Thousands of men were rushing into the Northland.
Tisíce mužů se řítily do Severní země.
These men wanted dogs, and the dogs they wanted were heavy dogs.
Tito muži chtěli psy a psi, které chtěli, byli těžkooděnci.
Dogs with strong muscles by which to toil.
Psi se silnými svaly, s nimiž se daří dřít.
Dogs with furry coats to protect them from the frost.
Psi s chlupatou srstí, která je chrání před mrazem.

Buck lived at a big house in the sun-kissed Santa Clara Valley.
Buck žil ve velkém domě v sluncem zalitém údolí Santa Clara.
Judge Miller's place, his house was called.
Říkalo se mu dům soudce Millera.
His house stood back from the road, half hidden among the trees.
Jeho dům stál vzadu od silnice, napůl skrytý mezi stromy.
One could get glimpses of the wide veranda running around the house.
Bylo možné zahlédnout širokou verandu táhnoucí se kolem domu.
The house was approached by graveled driveways.
K domu se přibližovaly štěrkové příjezdové cesty.
The paths wound about through wide-spreading lawns.
Cesty se vinuly rozlehlými trávníky.
Overhead were the interlacing boughs of tall poplars.
Nad hlavou se proplétaly větve vysokých topolů.
At the rear of the house things were on even more spacious.
V zadní části domu bylo ještě prostorněji.
There were great stables, where a dozen grooms were chatting
Byly tam velké stáje, kde si povídalo tucet čeledí
There were rows of vine-clad servants' cottages
Byly tam řady vinnou révou pokrytých služebnických domků
And there was an endless and orderly array of outhouses
A byla tam nekonečná a uspořádaná řada hospodářských budov
Long grape arbors, green pastures, orchards, and berry patches.
Dlouhé vinice, zelené pastviny, sady a bobulové háje.
Then there was the pumping plant for the artesian well.
Pak tu byla čerpací stanice pro artézský vrt.
And there was the big cement tank filled with water.
A tam byla velká cementová nádrž naplněná vodou.
Here Judge Miller's boys took their morning plunge.
Zde se chlapci soudce Millera ráno skočili do vody.

And they cooled down there in the hot afternoon too.
A také se tam v horkém odpoledni ochladili.
And over this great domain, Buck was the one who ruled all of it.
A nad touto velkou doménou vládl Buck.
Buck was born on this land and lived here all his four years.
Buck se narodil na této zemi a žil zde všechny své čtyři roky.
There were indeed other dogs, but they did not truly matter.
Sice tam byli i jiní psi, ale ti vlastně nebyli důležití.
Other dogs were expected in a place as vast as this one.
Na tak rozlehlém místě se očekávali i další psi.
These dogs came and went, or lived inside the busy kennels.
Tito psi přicházeli a odcházeli, nebo žili v rušných kotcích.
Some dogs lived hidden in the house, like Toots and Ysabel did.
Někteří psi žili schovaní v domě, jako například Toots a Ysabel.
Toots was a Japanese pug, Ysabel a Mexican hairless dog.
Toots byl japonský mops, Ysabel mexická naháč.
These strange creatures rarely stepped outside the house.
Tito podivní tvorové jen zřídka vycházeli z domu.
They did not touch the ground, nor sniff the open air outside.
Nedotkli se země ani nečichali k čerstvému vzduchu venku.
There were also the fox terriers, at least twenty in number.
Byli tam také foxteriéři, nejméně dvacet.
These terriers barked fiercely at Toots and Ysabel indoors.
Tito teriéři uvnitř zuřivě štěkali na Tootse a Ysabel.
Toots and Ysabel stayed behind windows, safe from harm.
Toots a Ysabel zůstali za okny, v bezpečí před nebezpečím.
They were guarded by housemaids with brooms and mops.
Hlídaly je služebné s košťaty a mopy.
But Buck was no house-dog, and he was no kennel-dog either.
Ale Buck nebyl žádný domácí pes a nebyl ani pes do psí boudy.
The entire property belonged to Buck as his rightful realm.

Celý majetek patřil Buckovi jako jeho právoplatná říše.

Buck swam in the tank or went hunting with the Judge's sons.

Buck plaval v nádrži nebo chodil lovit se soudcovými syny.

He walked with Mollie and Alice in the early or late hours.

Chodil s Mollie a Alicí v časných i pozdních hodinách.

On cold nights he lay before the library fire with the Judge.

Za chladných nocí ležel se soudcem u krbu v knihovně.

Buck gave rides to the Judge's grandsons on his strong back.

Buck vozil soudcovy vnuky na svém silném hřbetě.

He rolled in the grass with the boys, guarding them closely.

Válel se s chlapci v trávě a bedlivě je hlídal.

They ventured to the fountain and even past the berry fields.

Vydali se k fontáně a dokonce i kolem jahodových polí.

Among the fox terriers, Buck walked with royal pride always.

Mezi foxteriéry se Buck vždycky procházel s královskou hrdostí.

He ignored Toots and Ysabel, treating them like they were air.

Ignoroval Tootse a Ysabel a choval se k nim, jako by byli vzduch.

Buck ruled over all living creatures on Judge Miller's land.

Buck vládl všem živým tvorům na pozemku soudce Millera.

He ruled over animals, insects, birds, and even humans.

Vládl nad zvířaty, hmyzem, ptáky a dokonce i lidmi.

Buck's father Elmo had been a huge and loyal St. Bernard.

Buckův otec Elmo byl obrovský a věrný svatý Bernard.

Elmo never left the Judge's side, and served him faithfully.

Elmo nikdy neopustil soudcovu stranu a věrně mu sloužil.

Buck seemed ready to follow his father's noble example.

Buck se zdál být připraven následovat ušlechtilý příklad svého otce.

Buck was not quite as large, weighing one hundred and forty pounds.

Buck nebyl tak velký, vážil sto čtyřicet liber.

His mother, Shep, had been a fine Scotch shepherd dog.

Jeho matka, Shep, byla vynikající skotská ovčácká fena.

But even at that weight, Buck walked with regal presence.

Ale i s tou váhou Buck kráčel s královskou důstojností.

This came from good food and the respect he always received.

To pramenilo z dobrého jídla a respektu, kterého se mu vždy dostávalo.

For four years, Buck had lived like a spoiled nobleman.

Čtyři roky žil Buck jako rozmazlený šlechtic.

He was proud of himself, and even slightly egotistical.

Byl na sebe hrdý a dokonce i trochu egoistický.

That kind of pride was common in remote country lords.

Takový druh hrdosti byl u odlehlých venkovských pánů běžný.

But Buck saved himself from becoming pampered house-dog.

Ale Buck se zachránil před tím, aby se z něj stal rozmazlený domácí pes.

He stayed lean and strong through hunting and exercise.

Díky lovu a cvičení si udržel štíhlou a silnou postavu.

He loved water deeply, like people who bathe in cold lakes.

Hluboce miloval vodu, jako lidé, kteří se koupou ve studených jezerech.

This love for water kept Buck strong, and very healthy.

Tato láska k vodě udržovala Bucka silného a velmi zdravého.

This was the dog Buck had become in the fall of 1897.

To byl pes, kterým se Buck stal na podzim roku 1897.

When the Klondike strike pulled men to the frozen North.

Když útok na Klondike stáhl muže na zamrzlý sever.

People rushed from all over the world into the cold land.

Lidé z celého světa se hrnuli do chladné země.

Buck, however, did not read the papers, nor understand news.

Buck však nečetl noviny ani nerozuměl zprávám.

He did not know Manuel was a bad man to be around.

Nevěděl, že Manuel je špatný člověk.

Manuel, who helped in the garden, had a deep problem.

Manuel, který pomáhal na zahradě, měl velký problém.
Manuel was addicted to gambling in the Chinese lottery.
Manuel byl závislý na hazardních hrách v čínské loterii.
He also believed strongly in a fixed system for winning.
Také silně věřil v pevný systém vítězství.
That belief made his failure certain and unavoidable.
Tato víra činila jeho selhání jistým a nevyhnutelným.
Playing a system demands money, which Manuel lacked.
Hraní systémem vyžaduje peníze, které Manuel postrádal.
His pay barely supported his wife and many children.
Jeho plat sotva stačil na to, aby uživil svou ženu a mnoho dětí.
On the night Manuel betrayed Buck, things were normal.
V noci, kdy Manuel zradil Bucka, bylo všechno normální.
The Judge was at a Raisin Growers' Association meeting.
Soudce byl na schůzi Asociace pěstitelů rozinek.
The Judge's sons were busy forming an athletic club then.
Soudcovi synové tehdy pilně zakládali atletický klub.
No one saw Manuel and Buck leaving through the orchard.
Nikdo neviděl Manuela a Bucka odcházet sadem.
Buck thought this walk was just a simple nighttime stroll.
Buck si myslel, že tahle procházka je jen obyčejná noční
procházka.
They met only one man at the flag station, in College Park.
Na vlajkové stanici v College Parku potkali jen jednoho muže.
That man spoke to Manuel, and they exchanged money.
Ten muž promluvil s Manuelem a vyměnili si peníze.
"Wrap up the goods before you deliver them," he suggested.
„Zabalte zboží, než ho doručíte," navrhl.
The man's voice was rough and impatient as he spoke.
Mužův hlas byl, když mluvil, drsný a netrpělivý.
Manuel carefully tied a thick rope around Buck's neck.
Manuel opatrně uvázal Buckovi kolem krku tlusté lano.
"Twist the rope, and you'll choke him plenty"
„Otoč to lano a pořádně ho uškrtíš."
The stranger gave a grunt, showing he understood well.
Cizinec zabručel, čímž ukázal, že dobře rozumí.
Buck accepted the rope with calm and quiet dignity that day.

Buck toho dne přijal lano s klidem a tichou důstojností.
It was an unusual act, but Buck trusted the men he knew.
Byl to neobvyklý čin, ale Buck mužům, které znal, důvěřoval.
He believed their wisdom went far beyond his own thinking.
Věřil, že jejich moudrost daleko přesahuje jeho vlastní myšlení.
But then the rope was handed to the hands of the stranger.
Ale pak bylo lano podáno do rukou cizince.
Buck gave a low growl that warned with quiet menace.
Buck tiše zavrčel, ale s tichou hrozbou.
He was proud and commanding, and meant to show his displeasure.
Byl hrdý a panovačný a chtěl dát najevo svou nelibost.
Buck believed his warning would be understood as an order.
Buck věřil, že jeho varování bude chápáno jako rozkaz.
To his shock, the rope tightened fast around his thick neck.
K jeho úžasu se lano kolem jeho tlustého krku rychle utáhlo.
His air was cut off and he began to fight in a sudden rage.
Nedostával se mu dech a v náhlém vzteku se začal bránit.
He sprang at the man, who quickly met Buck in mid-air.
Skočil na muže, který se ve vzduchu rychle setkal s Buckem.
The man grabbed Buck's throat and skillfully twisted him in the air.
Muž chytil Bucka za krk a dovedně s ním zkroutil ve vzduchu.
Buck was thrown down hard, landing flat on his back.
Buck byl tvrdě sražen k zemi a dopadl na záda.
The rope now choked him cruelly while he kicked wildly.
Provaz ho teď krutě škrtil, zatímco divoce kopal.
His tongue fell out, his chest heaved, but gained no breath.
Vypadl mu jazyk, hruď se mu zvedla, ale nenadechl se.
He had never been treated with such violence in his life.
V životě s ním nikdo nezacházel s takovým násilím.
He had also never been filled with such deep fury before.
Také ho nikdy předtím nezaplavil tak hluboký vztek.
But Buck's power faded, and his eyes turned glassy.
Ale Buckova moc slábla a jeho oči se zakalily.

He passed out just as a train was flagged down nearby.
Omdlel právě ve chvíli, kdy poblíž zastavil vlak.
Then the two men tossed him into the baggage car quickly.
Pak ho oba muži rychle hodili do zavazadlového vozu.
The next thing Buck felt was pain in his swollen tongue.
Další věc, kterou Buck ucítil, byla bolest v oteklém jazyku.
He was moving in a shaking cart, only dimly conscious.
Pohyboval se v třesoucím se vozíku a byl jen matně při
vědomí.
The sharp scream of a train whistle told Buck his location.
Ostré zapískání vlakové píšťalky prozradilo Buckovi, kde se
nachází.
He had often ridden with the Judge and knew the feeling.
Často jezdil se Soudcem a znal ten pocit.
It was the unique jolt of traveling in a baggage car again.
Byl to zase ten jedinečný pocit cestování v zavazadlovém
vagonu.
Buck opened his eyes, and his gaze burned with rage.
Buck otevřel oči a jeho pohled hořel vzteky.
This was the anger of a proud king taken from his throne.
To byl hněv pyšného krále, sesazeného z trůnu.
A man reached to grab him, but Buck struck first instead.
Muž se natáhl, aby ho chytil, ale Buck ho místo toho udeřil
první.
He sank his teeth into the man's hand and held tightly.
Zaryl muži zuby do ruky a pevně ji držel.
He did not let go until he blacked out a second time.
Nepustil ho, dokud podruhé neztratil vědomí.
"Yep, has fits," the man muttered to the baggageman.
„Jo, má záchvaty," zamumlal muž zavazadlovému
doručovateli.
The baggageman had heard the struggle and come near.
Zavazadlový doručovatel zaslechl zápas a přiblížil se.
"I'm taking him to 'Frisco for the boss," the man explained.
„Vezmu ho do San Francisca kvůli šéfovi," vysvětlil muž.
"There's a fine dog-doctor there who says he can cure them."

„Je tam jeden skvělý psí doktor, který říká, že je dokáže vyléčit."

Later that night the man gave his own full account.

Později té noci muž podal svou vlastní plnou zprávu.

He spoke from a shed behind a saloon on the docks.

Mluvil z kůlny za saloonem na molu.

"All I was given was fifty dollars," he complained to the saloon man.

„Dostal jsem jen padesát dolarů," stěžoval si majiteli saloonu.

"I wouldn't do it again, not even for a thousand in cold cash."

„Už bych to neudělal, ani za tisícovku v hotovosti."

His right hand was tightly wrapped in a bloody cloth.

Pravou ruku měl pevně omotanou krvavou látkou.

His trouser leg was torn wide open from knee to foot.

Jeho nohavice byla roztrhaná od kolena až k patě.

"How much did the other mug get paid?" asked the saloon man.

„Kolik dostal ten druhý blbec?" zeptal se prodavač v saloonu.

"A hundred," the man replied, "he wouldn't take a cent less."

„Sto," odpověděl muž, „nevzal by ani o cent méně."

"That comes to a hundred and fifty," the saloon man said.

„To je sto padesát," řekl prodavač v saloonu.

"And he's worth it all, or I'm no better than a blockhead."

„A on za to všechno stojí, jinak nejsem o nic lepší než hlupák."

The man opened the wrappings to examine his hand.

Muž otevřel obaly, aby si prohlédl ruku.

The hand was badly torn and crusted in dried blood.

Ruka byla těžce potrhaná a pokrytá zaschlou krví.

"If I don't get the hydrophobia..." he began to say.

„Jestli nedostanu hydrofobii..." začal říkat.

"It'll be because you were born to hang," came a laugh.

„To bude tím, že ses narodil pro věšení," ozval se smích.

"Come help me out before you get going," he was asked.

„Pojď mi pomoct, než půjdeš," požádali ho.

Buck was in a daze from the pain in his tongue and throat.

Buck byl omámený bolestí v jazyku a krku.

He was half-strangled, and could barely stand upright.

Byl napůl uškrcený a sotva se udržel na nohou.

Still, Buck tried to face the men who had hurt him so.

Buck se přesto snažil čelit mužům, kteří mu tolik ublížili.

But they threw him down and choked him once again.

Ale oni ho shodili na zem a znovu ho uškrtili.

Only then could they saw off his heavy brass collar.

Teprve potom mu mohli uříznout těžký mosazný obojek.

They removed the rope and shoved him into a crate.

Sundali lano a strčili ho do bedny.

The crate was small and shaped like a rough iron cage.

Bedna byla malá a tvarem připomínala hrubou železnou klec.

Buck lay there all night, filled with wrath and wounded pride.

Buck tam ležel celou noc, plný hněvu a zraněné hrdosti.

He could not begin to understand what was happening to him.

Nemohl ani začít chápat, co se s ním děje.

Why were these strange men keeping him in this small crate?

Proč ho tihle podivní muži drželi v téhle malé kleci?

What did they want with him, and why this cruel captivity?

Co s ním chtěli a proč toto kruté zajetí?

He felt a dark pressure; a sense of disaster drawing closer.

Cítil temný tlak; pocit blížící se katastrofy.

It was a vague fear, but it settled heavily on his spirit.

Byl to neurčitý strach, ale těžce ho zasáhl.

Several times he jumped up when the shed door rattled.

Několikrát vyskočil, když zarachotily dveře kůlny.

He expected the Judge or the boys to appear and rescue him.

Čekal, že se objeví soudce nebo chlapci a zachrání ho.

But only the saloon-keeper's fat face peeked inside each time.

Ale dovnitř pokaždé nakoukl jen tlustý obličej majitele saloonu.

The man's face was lit by the dim glow of a tallow candle.

Mužovu tvář osvětlovala slabá záře lojové svíčky.
Each time, Buck's joyful bark changed to a low, angry growl.
Pokaždé se Buckovo radostné štěkání změnilo v tiché,
rozzlobené vrčení.

The saloon-keeper left him alone for the night in the crate
Hostinský ho nechal na noc samotného v kleci
But when he awoke in the morning more men were coming.
Ale když se ráno probudil, přicházeli další muži.
Four men came and gingerly picked up the crate without a word.
Přišli čtyři muži a beze slova opatrně zvedli bednu.
Buck knew at once the situation he found himself in.
Buck si okamžitě uvědomil, v jaké situaci se nachází.
They were further tormentors that he had to fight and fear.
Byli to další mučitelé, s nimiž musel bojovat a kterých se bát.
These men looked wicked, ragged, and very badly groomed.
Tito muži vypadali zle, otrhaně a velmi špatně upraveně.
Buck snarled and lunged at them fiercely through the bars.
Buck zavrčel a zuřivě se na ně vrhl skrz mříže.
They just laughed and jabbed at him with long wooden sticks.
Jen se smáli a píchali do něj dlouhými dřevěnými holemi.
Buck bit at the sticks, then realized that was what they liked.
Buck se zakousl do klacíků a pak si uvědomil, že tohle mají rádi.
So he lay down quietly, sullen and burning with quiet rage.
Tak si tiše lehl, zachmuřený a hořící tichým vztekem.
They lifted the crate into a wagon and drove away with him.
Naložili bednu do vozu a odvezli s ním pryč.
The crate, with Buck locked inside, changed hands often.
Bedna s Buckem zamčeným uvnitř často měnila majitele.
Express office clerks took charge and handled him briefly.
Úředníci expresní kanceláře se ujali řízení a krátce se s ním vypořádali.
Then another wagon carried Buck across the noisy town.
Pak další vůz vezl Bucka přes hlučné město.

A truck took him with boxes and parcels onto a ferry boat.
Nákladní auto ho s krabicemi a balíky odvezlo na trajekt.
After crossing, the truck unloaded him at a rail depot.
Po překročení hranice ho nákladní vůz vyložil v železniční stanici.
At last, Buck was placed inside a waiting express car.
Konečně Bucka umístili do čekajícího rychlíku.
For two days and nights, trains pulled the express car away.
Dva dny a noci vlaky odtahovaly rychlík.
Buck neither ate nor drank during the whole painful journey.
Buck během celé bolestivé cesty nejedl ani nepil.
When the express messengers tried to approach him, he growled.
Když se k němu kurýři pokusili přiblížit, zavrčel.
They responded by mocking him and teasing him cruelly.
Reagovali tím, že se mu posmívali a krutě si z něj utahovali.
Buck threw himself at the bars, foaming and shaking
Buck se vrhl k mřížím, pěnil a třásl se
they laughed loudly, and taunted him like schoolyard bullies.
hlasitě se smáli a posmívali se mu jako školní tyrani.
They barked like fake dogs and flapped their arms.
Štěkali jako falešní psi a mávali rukama.
They even crowed like roosters just to upset him more.
Dokonce kokrhali jako kohouti, jen aby ho ještě víc rozrušili.
It was foolish behavior, and Buck knew it was ridiculous.
Bylo to hloupé chování a Buck věděl, že je to absurdní.
But that only deepened his sense of outrage and shame.
To ale jen prohloubilo jeho pocit rozhořčení a studu.
He was not bothered much by hunger during the trip.
Během cesty ho hlad moc netrápil.
But thirst brought sharp pain and unbearable suffering.
Ale žízeň přinášela ostrou bolest a nesnesitelné utrpení.
His dry, inflamed throat and tongue burned with heat.
Suché, zanícené hrdlo a jazyk ho pálily horkem.
This pain fed the fever rising within his proud body.

Tato bolest živila horečku, která stoupala v jeho pyšném těle.

Buck was thankful for one single thing during this trial.

Buck byl během této zkoušky vděčný za jednu jedinou věc.

The rope had been removed from around his thick neck.

Provaz mu byl sundán z tlustého krku.

The rope had given those men an unfair and cruel advantage.

Lano poskytlo těm mužům nespravedlivou a krutou výhodu.

Now the rope was gone, and Buck swore it would never return.

Teď bylo lano pryč a Buck přísahal, že se už nikdy nevrátí.

He resolved no rope would ever go around his neck again.

Rozhodl se, že si už nikdy nebude moci uvázat žádné lano kolem krku.

For two long days and nights, he suffered without food.

Dva dlouhé dny a noci trpěl bez jídla.

And in those hours, he built up an enormous rage inside.

A v těch hodinách v sobě nashromáždil obrovský vztek.

His eyes turned bloodshot and wild from constant anger.

Oči měl podlité krví a divoké neustálým hněvem.

He was no longer Buck, but a demon with snapping jaws.

Už to nebyl Buck, ale démon s cvakajícími čelistmi.

Even the Judge would not have known this mad creature.

Ani Soudce by toho šíleného tvora nepoznal.

The express messengers sighed in relief when they reached Seattle

Poslové si s úlevou povzdechli, když dorazili do Seattlu

Four men lifted the crate and brought it to a back yard.

Čtyři muži zvedli bednu a odnesli ji na dvůr.

The yard was small, surrounded by high and solid walls.

Dvůr byl malý, obehnaný vysokými a pevnými zdmi.

A big man stepped out in a sagging red sweater shirt.

Vyšel z něj velký muž v ochablém červeném svetru.

He signed the delivery book with a thick and bold hand.

Podepsal dodací knihu tlustým a tučným písmem.

Buck sensed at once that this man was his next tormentor.

Buck okamžitě vycítil, že tento muž je jeho dalším mučitelem.

He lunged violently at the bars, eyes red with fury.

Prudce se vrhl na mříže, oči zarudlé vzteky.

The man just smiled darkly and went to fetch a hatchet.

Muž se jen temně usmál a šel si pro sekerku.

He also brought a club in his thick and strong right hand.

Také si přinesl kyj ve své silné a silné pravé ruce.

"You going to take him out now?" the driver asked, concerned.

„Vy ho teď vezmete ven?" zeptal se řidič znepokojeně.

"Sure," said the man, jamming the hatchet into the crate as a lever.

„Jasně," řekl muž a zapíchl sekerku do bedny jako páku.

The four men scattered instantly, jumping up onto the yard wall.

Čtyři muži se okamžitě rozprchli a vyskočili na zeď dvora.

From their safe spots above, they waited to watch the spectacle.

Ze svých bezpečných míst nahoře čekali, až budou moci sledovat podívanou.

Buck lunged at the splintered wood, biting and shaking fiercely.

Buck se vrhl na roztříštěné dřevo, kousal a prudce se třásl.

Each time the hatchet hit the cage), Buck was there to attack it.

Pokaždé, když sekera zasáhla klec, Buck tam byl, aby na ni zaútočil.

He growled and snapped with wild rage, eager to be set free.

Vrčel a štěkal divokým vztekem, dychtivý po osvobození.

The man outside was calm and steady, intent on his task.

Muž venku byl klidný a vyrovnaný, soustředěný na svůj úkol.

"Right then, you red-eyed devil," he said when the hole was large.

„Tak dobře, ty rudokoučký ďáble," řekl, když se díra zvětšila.

He dropped the hatchet and took the club in his right hand.

Odhodil sekerku a vzal kyj do pravé ruky.

Buck truly looked like a devil; eyes bloodshot and blazing.

Buck vypadal opravdu jako ďábel; oči podlité krví a planoucí.

His coat bristled, foam frothed at his mouth, eyes glinting.
Srst se mu ježila, u úst se mu pěnila pěna a oči se mu leskly.
He bunched his muscles and sprang straight at the red sweater.
Napjal svaly a vrhl se přímo na červený svetr.
One hundred and forty pounds of fury flew at the calm man.
Na klidného muže vystřelilo sto čtyřicet liber zuřivosti.
Just before his jaws clamped shut, a terrible blow struck him.
Těsně předtím, než se mu čelisti sevřely, ho zasáhla strašlivá rána.
His teeth snapped together on nothing but air
Jeho zuby cvakaly jen ve vzduchu
a jolt of pain reverberated through his body
jeho tělem projela vlna bolesti
He flipped midair and crashed down on his back and side.
Ve vzduchu se převrátil a zřítil se na záda a bok.
He had never before felt a club's blow and could not grasp it.
Nikdy předtím necítil úder kyjem a nedokázal ho uchopit.
With a shrieking snarl, part bark, part scream, he leaped again.
S pronikavým zavrčením, zčásti štěkotem, zčásti křikem, znovu skočil.
Another brutal strike hit him and hurled him to the ground.
Další brutální úder ho zasáhl a srazil ho k zemi.
This time Buck understood—it was the man's heavy club.
Tentokrát Buck pochopil – byl to mužův těžký kyj.
But rage blinded him, and he had no thought of retreat.
Ale vztek ho oslepil a na ústup neměl ani pomyšlení.
Twelve times he launched himself, and twelve times he fell.
Dvanáctkrát se vrhl a dvanáctkrát spadl.
The wooden club smashed him each time with ruthless, crushing force.
Dřevěná kyj ho pokaždé rozdrtila nemilosrdnou, drtivou silou.

After one fierce blow, he staggered to his feet, dazed and slow.
Po jedné prudké ráně se omámený a pomalý potácel na nohy.
Blood ran from his mouth, his nose, and even his ears.
Krev mu tekla z úst, nosu a dokonce i z uší.
His once-beautiful coat was smeared with bloody foam.
Jeho kdysi krásný kabát byl potřísněný krvavou pěnou.
Then the man stepped up and struck a wicked blow to the nose.
Pak muž přistoupil a zasadil mu ošklivou ránu do nosu.
The agony was sharper than anything Buck had ever felt.
Bolest byla prudší než cokoli, co Buck kdy zažil.
With a roar more beast than dog, he leaped again to attack.
S řevem, spíše zvířecím než psím, znovu skočil do útoku.
But the man caught his lower jaw and twisted it backward.
Ale muž ho chytil za spodní čelist a zkroutil ji dozadu.
Buck flipped head over heels, crashing down hard again.
Buck se převrátil přes uši a znovu tvrdě dopadl.
One final time, Buck charged at him, now barely able to stand.
Buck se na něj naposledy vrhl, sotva se udržel na nohou.
The man struck with expert timing, delivering the final blow.
Muž udeřil s mistrem včas a zasadil poslední úder.
Buck collapsed in a heap, unconscious and unmoving.
Buck se zhroutil na hromadu, v bezvědomí a bez hnutí.
"He's no slouch at dog-breaking, that's what I say," a man yelled.
„V líčení psů není žádný frajer, to říkám já," zařval muž.
"Druther can break the will of a hound any day of the week."
„Druther dokáže zlomit vůli psa kterýkoli den v týdnu."
"And twice on a Sunday!" added the driver.
„A dvakrát v neděli!" dodal řidič.
He climbed into the wagon and cracked the reins to leave.
Vylezl do vozu a šťouchl otěžemi, aby odešel.
Buck slowly regained control of his consciousness

Buck pomalu znovu nabýval kontroly nad svým vědomím.
but his body was still too weak and broken to move.
ale jeho tělo bylo stále příliš slabé a zlomené na to, aby se pohnul.
He lay where he had fallen, watching the red-sweatered man.
Ležel tam, kde padl, a pozoroval muže v červeném svetru.
"He answers to the name of Buck," the man said, reading aloud.
„Reaguje na jméno Buck," řekl muž a četl nahlas.
He quoted from the note sent with Buck's crate and details.
Citoval ze vzkazu zaslaného s Buckovou bednou a s podrobnostmi.
"Well, Buck, my boy," the man continued with a friendly tone,
„No, Bucku, chlapče," pokračoval muž přátelským tónem,
"we've had our little fight, and now it's over between us."
„Měli jsme naši malou hádku a teď je mezi námi konec."
"You've learned your place, and I've learned mine," he added.
„Naučil ses, kde je tvé místo, a já jsem se naučil, kde je to moje," dodal.
"Be good, and all will go well, and life will be pleasant."
„Buď hodný, všechno půjde dobře a život bude příjemný."
"But be bad, and I'll beat the stuffing out of you, understand?"
„Ale buď zlý a já tě zmlátím, rozumíš?"
As he spoke, he reached out and patted Buck's sore head.
Zatímco mluvil, natáhl ruku a poplácal Bucka po bolavé hlavě.
Buck's hair rose at the man's touch, but he didn't resist.
Buckovi se při mužově dotyku zježily vlasy, ale nekladl odpor.
The man brought him water, which Buck drank in great gulps.
Muž mu přinesl vodu, kterou Buck pil velkými doušky.
Then came raw meat, which Buck devoured chunk by chunk.

Pak přišlo syrové maso, které Buck hltal kus po kusu.

He knew he was beaten, but he also knew he wasn't broken.

Věděl, že je poražen, ale také věděl, že není zlomený.

He had no chance against a man armed with a club.

Proti muži ozbrojenému obuškem neměl šanci.

He had learned the truth, and he never forgot that lesson.

Poznal pravdu a na tuto lekci nikdy nezapomněl.

That weapon was the beginning of law in Buck's new world.

Tato zbraň byla počátkem práva v Buckově novém světě.

It was the start of a harsh, primitive order he could not deny.

Byl to začátek drsného, primitivního řádu, který nemohl popřít.

He accepted the truth; his wild instincts were now awake.

Přijal pravdu; jeho divoké instinkty se nyní probudily.

The world had grown harsher, but Buck faced it bravely.

Svět se stal drsnějším, ale Buck mu statečně čelil.

He met life with new caution, cunning, and quiet strength.

Životu se postavil s novou opatrností, lstí a tichou silou.

More dogs arrived, tied in ropes or crates like Buck had been.

Přijeli další psi, uvázaní v provazech nebo klecích, jako předtím Buck.

Some dogs came calmly, others raged and fought like wild beasts.

Někteří psi přicházeli klidně, jiní zuřili a prali se jako divoká zvířata.

All of them were brought under the rule of the red-sweatered man.

Všichni byli podrobeni vládě muže v rudém svetru.

Each time, Buck watched and saw the same lesson unfold.

Buck pokaždé sledoval a viděl, jak se odvíjí totéž.

The man with the club was law; a master to be obeyed.

Muž s kyjem byl zákon; pán, kterého je třeba poslouchat.

He did not need to be liked, but he had to be obeyed.

Nepotřeboval být oblíbený, ale musel být poslouchán.

Buck never fawned or wagged like the weaker dogs did.

Buck se nikdy nepodlézal ani nevrátil jako slabší psi.

He saw dogs that were beaten and still licked the man's hand.

Viděl zbité psy a přesto olizovali muži ruku.

He saw one dog who would not obey or submit at all.

Viděl jednoho psa, který vůbec neposlouchal ani se nepodřizoval.

That dog fought until he was killed in the battle for control.

Ten pes bojoval, dokud nebyl zabit v bitvě o kontrolu.

Strangers would sometimes come to see the red-sweatered man.

Za mužem v červeném svetru občas chodili cizí lidé.

They spoke in strange tones, pleading, bargaining, and laughing.

Mluvili podivnými tóny, prosili, smlouvali a smáli se.

When money was exchanged, they left with one or more dogs.

Když se vyměňovaly peníze, odcházeli s jedním nebo více psy.

Buck wondered where these dogs went, for none ever returned.

Buck se divil, kam se ti psi poděli, protože se žádný z nich už nikdy nevrátil.

fear of the unknown filled Buck every time a strange man came

Strach z neznáma naplňoval Bucka pokaždé, když přišel cizí muž

he was glad each time another dog was taken, rather than himself.

Pokaždé byl rád, když si vzali dalšího psa, ne jeho samotného.

But finally, Buck's turn came with the arrival of a strange man.

Ale konečně přišla řada na Bucka s příchodem podivného muže.

He was small, wiry, and spoke in broken English and curses.

Byl malý, šlachovitý a mluvil lámanou angličtinou a nadával.

"Sacredam!" he yelled when he laid eyes on Buck's frame.

„Sacredam!" vykřikl, když spatřil Buckovu postavu.

"That's one damn bully dog! Eh? How much?" he asked aloud.

„To je ale zatracenej tyran! Cože? Kolik to stojí?" zeptal se nahlas.

"Three hundred, and he's a present at that price,"

„Tři sta, a za tu cenu je to dárek."

"Since it's government money, you shouldn't complain, Perrault."

„Jelikož jsou to vládní peníze, neměl byste si stěžovat, Perraulte."

Perrault grinned at the deal he had just made with the man.

Perrault se ušklíbl nad dohodou, kterou s tím mužem právě uzavřel.

The price of dogs had soared due to the sudden demand.

Cena psů prudce vzrostla kvůli náhlé poptávce.

Three hundred dollars wasn't unfair for such a fine beast.

Tři sta dolarů nebylo nefér za tak skvělé zvíře.

The Canadian Government would not lose anything in the deal

Kanadská vláda by na dohodě nic neztratila

Nor would their official dispatches be delayed in transit.

Ani jejich oficiální zásilky by se nezpozdily během přepravy.

Perrault knew dogs well, and could see Buck was something rare.

Perrault znal psy dobře a viděl, že Buck je něco vzácného.

"One in ten ten-thousand," he thought, as he studied Buck's build.

„Jeden z deseti deseti tisíc," pomyslel si, když si prohlížel Buckovu postavu.

Buck saw the money change hands, but showed no surprise.

Buck viděl, jak peníze mění majitele, ale nedal najevo žádné překvapení.

Soon he and Curly, a gentle Newfoundland, were led away.

Brzy byli on a Kudrnatý, mírný novofundlanďan, odvedeni pryč.

They followed the little man from the red sweater's yard.

Sledovali malého mužíčka ze dvora rudého svetru.

That was the last Buck ever saw of the man with the wooden club.
To bylo naposledy, co Buck viděl muže s dřevěnou palicí.
From the Narwhal's deck he watched Seattle fade into the distance.
Z paluby Narvala sledoval, jak Seattle mizí v dálce.
It was also the last time he ever saw the warm Southland.
Bylo to také naposledy, co kdy viděl teplý Jih.
Perrault took them below deck, and left them with François.
Perrault je vzal do podpalubí a nechal je s Françoisem.
François was a black-faced giant with rough, calloused hands.
François byl obr s černou tváří a drsnýma, mozolnatýma rukama.
He was dark and swarthy; a half-breed French-Canadian.
Byl tmavý a snědý; míšenec Francouzsko-kanaďanského původu.
To Buck, these men were of a kind he had never seen before.
Buckovi připadali tito muži jako muži, jaké ještě nikdy předtím neviděl.
He would come to know many such men in the days ahead.
V nadcházejících dnech se s mnoha takovými muži setká.
He did not grow fond of them, but he came to respect them.
Nezískal k nim sice náklonnost, ale začal si jich vážit.
They were fair and wise, and not easily fooled by any dog.
Byli spravedliví a moudří a žádný pes je nenechal snadno oklamat.
They judged dogs calmly, and punished only when deserved.
Psy posuzovali klidně a trestali jen tehdy, když si to zasloužili.
In the Narwhal's lower deck, Buck and Curly met two dogs.
V podpalubí Narvala potkali Buck a Kudrnatý dva psy.
One was a large white dog from far-off, icy Spitzbergen.
Jeden byl velký bílý pes z dalekých, ledových Špicberk.
He'd once sailed with a whaler and joined a survey group.
Kdysi se plavil s velrybářskou lodí a připojil se k průzkumné skupině.

He was friendly in a sly, underhanded and crafty fashion.
Byl přátelský, lstivým, zákeřným a lstivým způsobem.
At their first meal, he stole a piece of meat from Buck's pan.
Při jejich prvním jídle ukradl Buckovi z pánve kus masa.
Buck jumped to punish him, but François's whip struck first.
Buck skočil, aby ho potrestal, ale Françoisův bič udeřil první.
The white thief yelped, and Buck reclaimed the stolen bone.
Bílý zloděj vykřikl a Buck si vzal zpět ukradenou kost.
That fairness impressed Buck, and François earned his respect.
Tato spravedlivost na Bucka zapůsobila a François si jeho respekt vysloužil.
The other dog gave no greeting, and wanted none in return.
Druhý pes nepozdravil a ani ho na oplátku nechtěl.
He didn't steal food, nor sniff at the new arrivals with interest.
Nekradl jídlo ani se zájmem nečichal k nově příchozím.
This dog was grim and quiet, gloomy and slow-moving.
Tento pes byl zachmuřený a tichý, pochmurný a pomalu se pohybující.
He warned Curly to stay away by simply glaring at her.
Varoval Kudrnatý, aby se držela dál, tím, že se na ni zamračil.
His message was clear; leave me alone or there'll be trouble.
Jeho poselství bylo jasné: nechte mě být, nebo budou problémy.
He was called Dave, and he barely noticed his surroundings.
Jmenoval se Dave a sotva si všímal svého okolí.
He slept often, ate quietly, and yawned now and again.
Často spal, tiše jedl a občas zívl.

The ship hummed constantly with the beating propeller below.
Loď neustále hučela a dole ji tloukla vrtule.
Days passed with little change, but the weather got colder.
Dny plynuly s malými změnami, ale počasí se ochladilo.

Buck could feel it in his bones, and noticed the others did too.

Buck to cítil až v kostech a všiml si, že i ostatní.

Then one morning, the propeller stopped and all was still.

Pak se jednoho rána vrtule zastavila a všechno utichlo.

An energy swept through the ship; something had changed.

Lodí projela energie; něco se změnilo.

François came down, clipped them on leashes, and brought them up.

François sestoupil dolů, připnul je na vodítka a vyvedl je nahoru.

Buck stepped out and found the ground soft, white, and cold.

Buck vyšel ven a zjistil, že země je měkká, bílá a studená.

He jumped back in alarm and snorted in total confusion.

Vyděšeně uskočil a zmateně si odfrkl.

Strange white stuff was falling from the gray sky.

Z šedé oblohy padala podivná bílá hmota.

He shook himself, but the white flakes kept landing on him.

Zatřásl se, ale bílé vločky na něj stále dopadaly.

He sniffed the white stuff carefully and licked at a few icy bits.

Opatrně si přičichl k bílé hmotě a olízl pár ledových kousků.

The powder burned like fire, then vanished right off his tongue.

Prášek pálil jako oheň a pak mu z jazyka zmizel.

Buck tried again, puzzled by the odd vanishing coldness.

Buck to zkusil znovu, zmatený podivným mizejícím chladem.

The men around him laughed, and Buck felt embarrassed.

Muži kolem něj se zasmáli a Buck se cítil trapně.

He didn't know why, but he was ashamed of his reaction.

Nevěděl proč, ale styděl se za svou reakci.

It was his first experience with snow, and it confused him.

Byla to jeho první zkušenost se sněhem a to ho zmátlo.

The Law of Club and Fang
Zákon kyje a tesáku

Buck's first day on the Dyea beach felt like a terrible nightmare.
Buckův první den na pláži Dyea se zdál jako hrozná noční můra.

Each hour brought new shocks and unexpected changes for Buck.
Každá hodina přinášela Buckovi nové šoky a nečekané změny.

He had been pulled from civilization and thrown into wild chaos.
Byl vytržen z civilizace a vržen do divokého chaosu.

This was no sunny, lazy life with boredom and rest.
Tohle nebyl žádný slunečný, lenivý život plný nudy a odpočinku.

There was no peace, no rest, and no moment without danger.
Nebyl žádný klid, žádný odpočinek a žádná chvíle bez nebezpečí.

Confusion ruled everything, and danger was always close.
Všemu vládl zmatek a nebezpečí bylo neustále nablízku.

Buck had to stay alert because these men and dogs were different.
Buck musel zůstat ve střehu, protože tihle muži a psi byli jiní.

They were not from towns; they were wild and without mercy.
Nebyli z měst; byli divocí a nemilosrdní.

These men and dogs only knew the law of club and fang.
Tito muži a psi znali jen zákon kyje a tesáku.

Buck had never seen dogs fight like these savage huskies.
Buck nikdy neviděl psy prát se tak divokými husky.

His first experience taught him a lesson he would never forget.
Jeho první zkušenost mu dala lekci, na kterou nikdy nezapomene.

He was lucky it was not him, or he would have died too.
Měl štěstí, že to nebyl on, jinak by taky zemřel.

Curly was the one who suffered while Buck watched and learned.

Kudrnatý byl ten, kdo trpěl, zatímco Buck se díval a učil.

They had made camp near a store built from logs.

Utábořili se poblíž skladu postaveného z klád.

Curly tried to be friendly to a large, wolf-like husky.

Kudrnatý se snažil být přátelský k velkému, vlkovi podobnému huskymu.

The husky was smaller than Curly, but looked wild and mean.

Husky byl menší než Kudrnatý, ale vypadal divoce a zle.

Without warning, he jumped and slashed her face open.

Bez varování skočil a rozřízl jí obličej.

His teeth cut from her eye down to her jaw in one move.

Jeho zuby jí jedním pohybem prořízly od oka až k čelisti.

This was how wolves fought—hit fast and jump away.

Takhle vlci bojovali – rychle udeřili a odskočili.

But there was more to learn than from that one attack.

Ale z toho jednoho útoku se dalo poučit víc.

Dozens of huskies rushed in and made a silent circle.

Desítky huskyů se vřítily dovnitř a vytvořily tichý kruh.

They watched closely and licked their lips with hunger.

Pozorně se dívali a hladem si olizovali rty.

Buck didn't understand their silence or their eager eyes.

Buck nechápal jejich mlčení ani jejich dychtivé oči.

Curly rushed to attack the husky a second time.

Kudrnatý se vrhl na huskyho podruhé, aby ho napadl.

He used his chest to knock her over with a strong move.

Silným pohybem hrudníku ji srazil k zemi.

She fell on her side and could not get back up.

Spadla na bok a nemohla se znovu zvednout.

That was what the others had been waiting for all along.

Na to ostatní celou dobu čekali.

The huskies jumped on her, yelping and snarling in a frenzy.

Huskyové na ni skočili, štěkali a vrčeli v zuřivosti.

She screamed as they buried her under a pile of dogs.

Křičela, když ji pohřbili pod hromadou psů.

The attack was so fast that Buck froze in place with shock.

Útok byl tak rychlý, že Buck šokem ztuhl na místě.

He saw Spitz stick out his tongue in a way that looked like a laugh.

Viděl, jak Spitz vyplazuje jazyk způsobem, který vypadal jako smích.

François grabbed an axe and ran straight into the group of dogs.

François popadl sekeru a vběhl přímo do skupiny psů.

Three other men used clubs to help beat the huskies away.

Tři další muži používali obušky, aby odháněli huskyje.

In just two minutes, the fight was over and the dogs were gone.

Za pouhé dvě minuty byl boj u konce a psi byli pryč.

Curly lay dead in the red, trampled snow, her body torn apart.

Kudrnatý ležela mrtvá v červeném, ušlapaném sněhu, tělo roztrhané na kusy.

A dark-skinned man stood over her, cursing the brutal scene.

Nad ní stál tmavovlasý muž a proklínal tu brutální scénu.

The memory stayed with Buck and haunted his dreams at night.

Vzpomínka Bucka zůstala v paměti a v noci ho pronásledovala ve snech.

That was the way here; no fairness, no second chance.

Tak to tady platilo; žádná spravedlnost, žádná druhá šance.

Once a dog fell, the others would kill without mercy.

Jakmile pes spadl, ostatní ho bez milosti zabili.

Buck decided then that he would never allow himself to fall.

Buck se tehdy rozhodl, že si nikdy nedovolí spadnout.

Spitz stuck out his tongue again and laughed at the blood.

Spitz znovu vyplazil jazyk a zasmál se krvi.

From that moment on, Buck hated Spitz with all his heart.

Od té chvíle Buck Spitze nenáviděl celým svým srdcem.

Before Buck could recover from Curly's death, something new happened.
Než se Buck stačil vzpamatovat z Kudrnatýho smrti, stalo se něco nového.
François came over and strapped something around Buck's body.
François přišel a něco Buckovi přivázal kolem těla.
It was a harness like the ones used on horses at the ranch.
Byl to postroj, jaký se používá na koních na ranči.
As Buck had seen horses work, now he was made to work too.
Stejně jako Buck viděl koně pracovat, teď musel pracovat i on.
He had to pull François on a sled into the forest nearby.
Musel Françoise odtáhnout na saních do nedalekého lesa.
Then he had to pull back a load of heavy firewood.
Pak musel odtáhnout náklad těžkého palného dřeva.
Buck was proud, so it hurt him to be treated like a work animal.
Buck byl pyšný, takže ho bolelo, když se s ním zacházelo jako s pracovním zvířetem.
But he was wise and didn't try to fight the new situation.
Ale byl moudrý a nesnažil se s novou situací bojovat.
He accepted his new life and gave his best in every task.
Přijal svůj nový život a v každém úkolu vydal ze sebe maximum.
Everything about the work was strange and unfamiliar to him.
Všechno na té práci mu bylo zvláštní a neznámé.
François was strict and demanded obedience without delay.
François byl přísný a vyžadoval poslušnost bez prodlení.
His whip made sure that every command was followed at once.
Jeho bič zajistil, aby byl každý povel splněn najednou.
Dave was the wheeler, the dog nearest the sled behind Buck.
Dave byl ten, kdo jezdil po saních, pes byl nejblíže za Buckem.
Dave bit Buck on the back legs if he made a mistake.
Dave kousl Bucka do zadních nohou, když udělal chybu.

Spitz was the lead dog, skilled and experienced in the role.
Špic byl vedoucím psem, v této roli zručný a zkušený.
Spitz could not reach Buck easily, but still corrected him.
Spitz se k Buckovi nemohl snadno dostat, ale přesto ho
opravil.
**He growled harshly or pulled the sled in ways that taught
Buck.**
Drsně vrčel nebo táhl saně způsobem, který Bucka učil.
**Under this training, Buck learned faster than any of them
expected.**
Díky tomuto výcviku se Buck učil rychleji, než kdokoli z nich
očekával.
**He worked hard and learned from both François and the
other dogs.**
Tvrdě pracoval a učil se jak od Françoise, tak od ostatních psů.
**By the time they returned, Buck already knew the key
commands.**
Než se vrátili, Buck už znal klíčové povely.
He learned to stop at the sound of "ho" from François.
Naučil se zastavit při zvuku „hó" od Françoise.
He learned when he had to pull the sled and run.
Naučil se, kdy musí táhnout sáně a běžet.
He learned to turn wide at bends in the trail without trouble.
Naučil se bez problémů zatáčet v zatáčkách.
**He also learned to avoid Dave when the sled went downhill
fast.**
Také se naučil vyhýbat Daveovi, když sáně jely rychle z kopce.
"They're very good dogs," François proudly told Perrault.
„Jsou to moc dobří psi," řekl François hrdě Perraultovi.
"That Buck pulls like hell—I teach him quick as anything."
„Ten Buck táhne jako čert – učím ho to nejrychleji."

**Later that day, Perrault came back with two more husky
dogs.**
Později téhož dne se Perrault vrátil s dalšími dvěma husky.
Their names were Billee and Joe, and they were brothers.
Jmenovali se Billee a Joe a byli to bratři.

They came from the same mother, but were not alike at all.
Pocházeli od stejné matky, ale vůbec si nebyli podobní.
Billee was sweet-natured and too friendly with everyone.
Billee byla dobrosrdečná a ke všem až příliš přátelská.
Joe was the opposite—quiet, angry, and always snarling.
Joe byl pravý opak – tichý, rozzlobený a neustále vrčící.
Buck greeted them in a friendly way and was calm with both.
Buck je přátelsky pozdravil a choval se k oběma klidně.
Dave paid no attention to them and stayed silent as usual.
Dave si jich nevšímal a jako obvykle mlčel.
Spitz attacked first Billee, then Joe, to show his dominance.
Spitz zaútočil nejprve na Billeeho a poté na Joea, aby ukázal svou dominanci.
Billee wagged his tail and tried to be friendly to Spitz.
Billee vrtěl ocasem a snažil se být ke Spitzovi přátelský.
When that didn't work, he tried to run away instead.
Když to nezabralo, zkusil raději utéct.
He cried sadly when Spitz bit him hard on the side.
Smutně se rozplakal, když ho Spitz silně kousl do boku.
But Joe was very different and refused to be bullied.
Ale Joe byl úplně jiný a odmítl se nechat šikanovat.
Every time Spitz came near, Joe spun to face him fast.
Pokaždé, když se Spitz přiblížil, Joe se k němu rychle otočil čelem.
His fur bristled, his lips curled, and his teeth snapped wildly.
Srst se mu ježila, rty se mu zkřivily a zuby divoce cvakaly.
Joe's eyes gleamed with fear and rage, daring Spitz to strike.
Joeovy oči se leskly strachem a vztekem a vyzývaly Spitze k úderu.
Spitz gave up the fight and turned away, humiliated and angry.
Spitz vzdal boj a odvrátil se, ponížený a rozzlobený.
He took out his frustration on poor Billee and chased him away.
Vybil si svou frustraci na chudákovi Billeem a zahnal ho pryč.

That evening, Perrault added one more dog to the team.

Toho večera Perrault přidal do týmu dalšího psa.

This dog was old, lean, and covered in battle scars.

Tento pes byl starý, hubený a pokrytý jizvami z bitev.

One of his eyes was missing, but the other flashed with power.

Jedno jeho oko chybělo, ale druhé zářilo silou.

The new dog's name was Solleks, which meant the Angry One.

Nový pes se jmenoval Solleks, což znamenalo Rozzlobený.

Like Dave, Solleks asked nothing from others, and gave nothing back.

Stejně jako Dave, ani Solleks od ostatních nic nežádal a nic jim ani nedával.

When Solleks walked slowly into camp, even Spitz stayed away.

Když Solleks pomalu vešel do tábora, i Spitz se držel stranou.

He had a strange habit that Buck was unlucky to discover.

Měl zvláštní zvyk, který Buck bohužel objevil.

Solleks hated being approached on the side where he was blind.

Solleks nesnášel, když se k němu přibližovali ze strany, kde byl slepý.

Buck did not know this and made that mistake by accident.

Buck to nevěděl a té chyby se dopustil omylem.

Solleks spun around and slashed Buck's shoulder deep and fast.

Solleks se otočil a rychle a hluboce seknul Bucka do ramene.

From that moment on, Buck never came near Solleks' blind side.

Od té chvíle se Buck nikdy nepřiblížil k Solleksově slepé straně.

They never had trouble again for the rest of their time together.

Po zbytek doby, co spolu strávili, už nikdy neměli problémy.

Solleks wanted only to be left alone, like quiet Dave.

Solleks chtěl jen být sám, jako tichý Dave.

But Buck would later learn they each had another secret goal.

Buck se ale později dozvěděl, že každý z nich měl ještě jeden tajný cíl.

That night Buck faced a new and troubling challenge — how to sleep.

Té noci čelil Buck nové a znepokojivé výzvě – jak spát.

The tent glowed warmly with candlelight in the snowy field.

Stan v zasněženém poli hřejivě zářil světlem svíček.

Buck walked inside, thinking he could rest there like before.

Buck vešel dovnitř a pomyslel si, že si tam může odpočinout jako předtím.

But Perrault and François yelled at him and threw pans.

Ale Perrault a François na něj křičeli a házeli po něm pánve.

Shocked and confused, Buck ran out into the freezing cold.

Šokovaný a zmatený Buck vyběhl ven do mrazivé zimy.

A bitter wind stung his wounded shoulder and froze his paws.

Prudký vítr ho štípal do zraněného ramene a omrzl mu tlapky.

He lay down in the snow and tried to sleep out in the open.

Lehl si do sněhu a snažil se spát venku pod širým nebem.

But the cold soon forced him to get back up, shaking badly.

Ale zima ho brzy donutila znovu vstát, silně se třásl.

He wandered through the camp, trying to find a warmer spot.

Procházel se táborem a snažil se najít teplejší místo.

But every corner was just as cold as the one before.

Ale každý kout byl stejně studený jako ten předchozí.

Sometimes savage dogs jumped at him from the darkness.

Někdy na něj ze tmy skákali divocí psi.

Buck bristled his fur, bared his teeth, and snarled with warning.

Buck se naježil, vycenil zuby a varovně zavrčel.

He was learning fast, and the other dogs backed off quickly.

Rychle se učil a ostatní psi rychle couvali.

Still, he had no place to sleep, and no idea what to do.

Přesto neměl kde spát a netušil, co má dělat.

At last, a thought came to him — check on his team-mates.

Konečně ho napadlo – podívat se na své spoluhráče.

He returned to their area and was surprised to find them gone.

Vrátil se do jejich oblasti a s překvapením zjistil, že jsou pryč.

Again he searched the camp, but still could not find them.

Znovu prohledal tábor, ale stále je nemohl najít.

He knew they could not be in the tent, or he would be too.

Věděl, že nemohou být ve stanu, jinak by tam byl i on.

So where had all the dogs gone in this frozen camp?

Tak kam se všichni psi v tomhle zamrzlém táboře poděli?

Buck, cold and miserable, slowly circled around the tent.

Buck, promrzlý a nešťastný, pomalu kroužil kolem stanu.

Suddenly, his front legs sank into soft snow and startled him.

Najednou se mu přední nohy zabořily do měkkého sněhu a vylekaly ho.

Something wriggled under his feet, and he jumped back in fear.

Něco se mu zavrtělo pod nohama a on strachy uskočil.

He growled and snarled, not knowing what lay beneath the snow.

Vrčel a vrčel, aniž by tušil, co se skrývá pod sněhem.

Then he heard a friendly little bark that eased his fear.

Pak uslyšel přátelské tiché štěknutí, které zmírnilo jeho strach.

He sniffed the air and came closer to see what was hidden.

Načechral vzduch a přiblížil se, aby viděl, co se skrývá.

Under the snow, curled into a warm ball, was little Billee.

Pod sněhem, schoulená do teplé koule, ležela malá Billee.

Billee wagged his tail and licked Buck's face to greet him.

Billee zavrtěl ocasem a olízl Bucka do obličeje na pozdrav.

Buck saw how Billee had made a sleeping place in the snow.

Buck viděl, jak si Billee udělala ve sněhu místo na spaní.

He had dug down and used his own heat to stay warm.

Zakopal si hluboko a používal vlastní teplo, aby se zahřál.

Buck had learned another lesson — this was how the dogs slept.

Buck se naučil další lekci – takhle psi spali.

He picked a spot and started digging his own hole in the snow.

Vybral si místo a začal si kopat díru ve sněhu.

At first, he moved around too much and wasted energy.

Zpočátku se příliš mnoho pohyboval a plýtval energií.

But soon his body warmed the space, and he felt safe.

Ale brzy jeho tělo prostor zahřálo a on se cítil bezpečně.

He curled up tightly, and before long he was fast asleep.

Pevně se schoulil a zanedlouho tvrdě usnul.

The day had been long and hard, and Buck was exhausted.

Den byl dlouhý a náročný a Buck byl vyčerpaný.

He slept deeply and comfortably, though his dreams were wild.

Spal hluboce a pohodlně, i když jeho sny byly divoké.

He growled and barked in his sleep, twisting as he dreamed.

Vrčel a štěkal ve spánku a při snění se kroutil.

Buck didn't wake up until the camp was already coming to life.

Buck se neprobudil, dokud se tábor už nezačal probouzet k životu.

At first, he didn't know where he was or what had happened.

Zpočátku nevěděl, kde je nebo co se stalo.

Snow had fallen overnight and completely buried his body.

Přes noc napadl sníh a jeho tělo bylo zcela pohřbeno.

The snow pressed in around him, tight on all sides.

Sníh ho tlačil, těsně přiléhal ze všech stran.

Suddenly a wave of fear rushed through Buck's entire body.

Najednou Buckovým tělem projela vlna strachu.

It was the fear of being trapped, a fear from deep instincts.

Byl to strach z uvěznění, strach pramenící z hlubokých instinktů.

Though he had never seen a trap, the fear lived inside him.

Ačkoli nikdy neviděl past, strach v něm žil.

He was a tame dog, but now his old wild instincts were waking.

Byl to krotký pes, ale teď se v něm probouzely staré divoké instinkty.

Buck's muscles tensed, and his fur stood up all over his back.

Buckovi se napjaly svaly a srst se mu zježila po celých zádech.

He snarled fiercely and sprang straight up through the snow.

Zuřivě zavrčel a vyskočil přímo do sněhu.

Snow flew in every direction as he burst into the daylight.

Sníh létal všemi směry, když vtrhl do denního světla.

Even before landing, Buck saw the camp spread out before him.

Ještě před přistáním Buck uviděl tábor rozprostírající se před sebou.

He remembered everything from the day before, all at once.

Vzpomněl si na všechno z předchozího dne, najednou.

He remembered strolling with Manuel and ending up in this place.

Vzpomněl si, jak se procházel s Manuelem a jak nakonec skončil na tomto místě.

He remembered digging the hole and falling asleep in the cold.

Vzpomněl si, jak vykopal díru a usnul v chladu.

Now he was awake, and the wild world around him was clear.

Teď byl vzhůru a divoký svět kolem něj byl jasný.

A shout from François hailed Buck's sudden appearance.

Françoisův výkřik oslavil Buckův náhlý příchod.

"What did I say?" the dog-driver cried loudly to Perrault.

„Co jsem říkal?" křičel hlasitě na Perraulta psí doprovod.

"That Buck for sure learns quick as anything," François added.

„Ten Buck se učí fakt rychle," dodal François.

Perrault nodded gravely, clearly pleased with the result.

Perrault vážně přikývl, zjevně spokojený s výsledkem.

As a courier for the Canadian Government, he carried dispatches.

Jako kurýr kanadské vlády nosil depeše.

He was eager to find the best dogs for his important mission.

Dychtil po nalezení těch nejlepších psů pro svou důležitou misi.

He felt especially pleased now that Buck was part of the team.

Obzvláště ho těšilo, že Buck byl teď součástí týmu.

Three more huskies were added to the team within an hour.

Během hodiny byli do týmu přidáni další tři huskyové.

That brought the total number of dogs on the team to nine.

Tím se celkový počet psů v týmu zvýšil na devět.

Within fifteen minutes all the dogs were in their harnesses.

Během patnácti minut byli všichni psi v postrojích.

The sled team was swinging up the trail toward Dyea Cañon.

Sáňkařské spřežení se vydávalo po stezce směrem k Dyea Cañon.

Buck felt glad to be leaving, even if the work ahead was hard.

Buck byl rád, že odchází, i když ho čekala těžká práce.

He found he did not particularly despise the labor or the cold.

Zjistil, že práci ani zimu nijak zvlášť nenávidí.

He was surprised by the eagerness that filled the whole team.

Překvapilo ho nadšení, které naplnilo celý tým.

Even more surprising was the change that had come over Dave and Solleks.

Ještě překvapivější byla změna, která se stala s Davem a Solleksem.

These two dogs were entirely different when they were harnessed.

Tito dva psi byli v době, kdy byli zapřaženi, úplně odlišní.

Their passiveness and lack of concern had completely disappeared.

Jejich pasivita a nezájem zcela zmizely.

They were alert and active, and eager to do their work well.
Byli bdělí, aktivní a dychtiví dobře vykonávat svou práci.

They grew fiercely irritated at anything that caused delay or confusion.
Zuřivě je podráždilo cokoli, co způsobovalo zpoždění nebo zmatek.

The hard work on the reins was the center of their entire being.
Tvrdá práce s otěžemi byla středem celé jejich bytosti.

Sled pulling seemed to be the only thing they truly enjoyed.
Zdálo se, že tahání saní je jediná věc, která je doopravdy bavila.

Dave was at the back of the group, closest to the sled itself.
Dave byl vzadu ve skupině, nejblíže k samotným saním.

Buck was placed in front of Dave, and Solleks pulled ahead of Buck.
Buck se umístil před Davea a Solleks se hnal před Bucka.

The rest of the dogs were strung out ahead in a single file.
Zbytek psů byl natažen vpředu v řadě za sebou.

The lead position at the front was filled by Spitz.
Vedoucí pozici vpředu obsadil Spitz.

Buck had been placed between Dave and Solleks for instruction.
Bucka umístili mezi Davea a Solleksa kvůli instrukcím.

He was a quick learner, and they were firm and capable teachers.
Učil se rychle a oni byli důrazní a schopní učitelé.

They never allowed Buck to remain in error for long.
Nikdy nedovolili Buckovi zůstat v omylu dlouho.

They taught their lessons with sharp teeth when needed.
V případě potřeby učili své lekce s ostrými zuby.

Dave was fair and showed a quiet, serious kind of wisdom.
Dave byl spravedlivý a projevoval tichý, vážný druh moudrosti.

He never bit Buck without a good reason to do so.
Nikdy nekousal Bucka bez dobrého důvodu.

But he never failed to bite when Buck needed correction.

Ale nikdy nezapomněl kousnout, když Buck potřeboval napravit.

François's whip was always ready and backed up their authority.

Françoisův bič byl vždy připravený a podporoval jejich autoritu.

Buck soon found it was better to obey than to fight back.

Buck brzy zjistil, že je lepší poslechnout, než se bránit.

Once, during a short rest, Buck got tangled in the reins.

Jednou, během krátkého odpočinku, se Buck zamotal do otěží.

He delayed the start and confused the team's movement.

Zdržel start a zmátl pohyb týmu.

Dave and Solleks flew at him and gave him a rough beating.

Dave a Solleks se na něj vrhli a drsně ho zmlátili.

The tangle only got worse, but Buck learned his lesson well.

Spleť se jen zhoršovala, ale Buck se z toho dobře poučil.

From then on, he kept the reins taut, and worked carefully.

Od té chvíle držel otěže napnuté a pracoval opatrně.

Before the day ended, Buck had mastered much of his task.

Než den skončil, Buck zvládl většinu svého úkolu.

His teammates almost stopped correcting or biting him.

Jeho spoluhráči ho téměř přestali opravovat nebo kousat.

François's whip cracked through the air less and less often.

Françoisův bič praskal vzduchem čím dál méně často.

Perrault even lifted Buck's feet and carefully examined each paw.

Perrault dokonce zvedl Buckovy nohy a pečlivě prozkoumal každou tlapku.

It had been a hard day's run, long and exhausting for them all.

Byl to pro ně všechny náročný den běhu, dlouhý a vyčerpávající.

They travelled up the Cañon, through Sheep Camp, and past the Scales.

Cestovali nahoru po kaňonu, přes Ovčí tábor a kolem Váh.

They crossed the timber line, then glaciers and snowdrifts many feet deep.

Překročili hranici lesa, pak ledovce a sněhové závěje hluboké mnoho stop.

They climbed the great cold and forbidding Chilkoot Divide.

Vyšplhali se na velký chladný a nehostinný Chilkootský průliv.

That high ridge stood between salt water and the frozen interior.

Ten vysoký hřeben stál mezi slanou vodou a zamrzlým vnitrozemím.

The mountains guarded the sad and lonely North with ice and steep climbs.

Hory střežily smutný a osamělý Sever ledem a strmými stoupáními.

They made good time down a long chain of lakes below the divide.

Zvládli to dobře po dlouhém řetězci jezer pod rozvodím.

Those lakes filled the ancient craters of extinct volcanoes.

Tato jezera vyplňovala starověké krátery vyhaslých sopek.

Late that night, they reached a large camp at Lake Bennett.

Pozdě v noci dorazili do velkého tábora u jezera Bennett.

Thousands of gold seekers were there, building boats for spring.

Byly tam tisíce hledačů zlata a stavěli lodě na jaro.

The ice was going break up soon, and they had to be ready.

Led se měl brzy protrhnout a oni museli být připraveni.

Buck dug his hole in the snow and fell into a deep sleep.

Buck si vykopal díru ve sněhu a hluboce usnul.

He slept like a working man, exhausted from the harsh day of toil.

Spal jako pracující člověk, vyčerpaný z těžkého dne dřiny.

But too early in the darkness, he was dragged from sleep.

Ale příliš brzy ve tmě byl vytržen ze spánku.

He was harnessed with his mates again and attached to the sled.

Znovu ho zapřáhli se svými druhy a připojili k saním.

That day they made forty miles, because the snow was well trodden.

Toho dne ušli šedesát mil, protože sníh byl dobře ušlapaný.

The next day, and for many days after, the snow was soft.

Následující den a ještě mnoho dní poté byl sníh měkký.

They had to make the path themselves, working harder and moving slower.

Museli si cestu vydláždit sami, usilovněji pracovali a pohybovali se pomaleji.

Usually, Perrault walked ahead of the team with webbed snowshoes.

Perrault obvykle kráčel před týmem na sněžnicích s plovacími blánami.

His steps packed the snow, making it easier for the sled to move.

Jeho kroky udupaly sníh, a tak saním usnadnil pohyb.

François, who steered from the gee-pole, sometimes took over.

François, který kormidloval od souřadnicové tyče, někdy přebíral velení.

But it was rare that François took the lead

Ale jen zřídka se François ujal vedení

because Perrault was in a rush to deliver the letters and parcels.

protože Perrault spěchal s doručením dopisů a balíků.

Perrault was proud of his knowledge of snow, and especially ice.

Perrault byl hrdý na své znalosti sněhu, a zejména ledu.

That knowledge was essential, because fall ice was dangerously thin.

Tato znalost byla nezbytná, protože podzimní led byl nebezpečně tenký.

Where water flowed fast beneath the surface, there was no ice at all.

Tam, kde voda pod hladinou rychle proudila, nebyl vůbec žádný led.

Day after day, the same routine repeated without end.
Den za dnem se ta samá rutina opakovala bez konce.
Buck toiled endlessly in the reins from dawn until night.
Buck se od úsvitu do večera nekonečně dřel v otěžích.
They left camp in the dark, long before the sun had risen.
Tábor opustili za tmy, dlouho před východem slunce.
By the time daylight came, many miles were already behind them.
Než se rozednilo, měli už za sebou mnoho kilometrů.
They pitched camp after dark, eating fish and burrowing into snow.
Tábor si postavili po setmění, jedli ryby a zahrabávali se do sněhu.
Buck was always hungry and never truly satisfied with his ration.
Buck měl pořád hlad a nikdy nebyl se svým přídělem doopravdy spokojený.
He received a pound and a half of dried salmon each day.
Každý den dostával půl kila sušeného lososa.
But the food seemed to vanish inside him, leaving hunger behind.
Ale jídlo v něm jako by mizelo a zanechávalo za sebou hlad.
He suffered from constant pangs of hunger, and dreamed of more food.
Trpěl neustálým hladem a snil o dalším jídle.
The other dogs got only one pound of food, but they stayed strong.
Ostatní psi dostali jen půl kila jídla, ale zůstali silní.
They were smaller, and had been born into the northern life.
Byli menší a narodili se do severského života.
He swiftly lost the fastidiousness which had marked his old life.
Rychle ztratil puntičkářskou puntičkářskou povahu, která charakterizovala jeho starý život.
He had been a dainty eater, but now that was no longer possible.

Býval laskominou, ale teď už to nebylo možné.

His mates finished first and robbed him of his unfinished ration.

Jeho kamarádi dojedli první a okradli ho o nedojedený příděl.

Once they began there was no way to defend his food from them.

Jakmile začali, nebylo možné se před nimi ubránit jeho jídlu.

While he fought off two or three dogs, the others stole the rest.

Zatímco on zahnal dva nebo tři psy, ostatní ukradli zbytek.

To fix this, he began eating as fast as the others ate.

Aby to napravil, začal jíst stejně rychle jako ostatní.

Hunger pushed him so hard that he even took food not his own.

Hlad ho tak silně trápil, že si vzal i jídlo, které nebylo jeho vlastní.

He watched the others and learned quickly from their actions.

Pozoroval ostatní a rychle se z jejich chování učil.

He saw Pike, a new dog, steal a slice of bacon from Perrault.

Viděl Pikea, nového psa, jak ukradl Perraultovi plátek slaniny.

Pike had waited until Perrault's back was turned to steal the bacon.

Pike počkal, až se Perrault otočí zády, aby mu mohl ukrást slaninu.

The next day, Buck copied Pike and stole the whole chunk.

Následujícího dne Buck okopíroval Pikea a ukradl celý kus.

A great uproar followed, but Buck was not suspected.

Následoval velký hluk, ale Buck nebyl podezřívaný.

Dub, a clumsy dog who always got caught, was punished instead.

Místo toho byl potrestán Dub, nemotorný pes, který se vždycky nechal chytit.

That first theft marked Buck as a dog fit to survive the North.

Ta první krádež označila Bucka za psa schopného přežít sever.

He showed he could adapt to new conditions and learn quickly.
Ukázal, že se dokáže rychle přizpůsobit novým podmínkám a učit se.
Without such adaptability, he would have died swiftly and badly.
Bez takové přizpůsobivosti by zemřel rychle a těžce.
It also marked the breakdown of his moral nature and past values.
Znamenalo to také zhroucení jeho morální podstaty a minulých hodnot.
In the Southland, he had lived under the law of love and kindness.
V Jihu žil podle zákona lásky a laskavosti.
There it made sense to respect property and other dogs' feelings.
Tam dávalo smysl respektovat majetek a city ostatních psů.
But the Northland followed the law of club and the law of fang.
Ale Severní země se řídila zákonem kyje a zákonem tesáku.
Whoever respected old values here was foolish and would fail.
Kdokoli zde respektoval staré hodnoty, byl hloupý a selhal by.
Buck did not reason all this out in his mind.
Buck si to všechno v duchu neuvažoval.
He was fit, and so he adjusted without needing to think.
Byl v kondici, a tak se přizpůsobil, aniž by musel přemýšlet.
All his life, he had never run away from a fight.
Celý svůj život se mu nikdy nepodařilo utéct před rvačkou.
But the wooden club of the man in the red sweater changed that rule.
Ale dřevěná kyj muže v červeném svetru toto pravidlo změnila.
Now he followed a deeper, older code written into his being.
Nyní se řídil hlubším, starším kódem vepsaným do jeho bytosti.

He did not steal out of pleasure, but from the pain of hunger.

Nekradl z potěšení, ale z bolesti z hladu.

He never robbed openly, but stole with cunning and care.

Nikdy otevřeně neloupil, ale kradl lstivě a opatrně.

He acted out of respect for the wooden club and fear of the fang.

Jednal z úcty k dřevěné kyji a ze strachu před tesákem.

In short, he did what was easier and safer than not doing it.

Zkrátka udělal to, co bylo jednodušší a bezpečnější než to neudělat.

His development—or perhaps his return to old instincts—was fast.

Jeho vývoj – nebo možná jeho návrat ke starým instinktům – byl rychlý.

His muscles hardened until they felt as strong as iron.

Jeho svaly ztvrdly, až se cítily pevné jako železo.

He no longer cared about pain, unless it was serious.

Už ho bolest netrápila, pokud nebyla vážná.

He became efficient inside and out, wasting nothing at all.

Stal se efektivním zevnitř i zvenčí, nic neplýtval.

He could eat things that were vile, rotten, or hard to digest.

Mohl jíst věci, které byly odporné, shnilé nebo těžko stravitelné.

Whatever he ate, his stomach used every last bit of value.

Ať snědl cokoli, jeho žaludek spotřeboval každou poslední kousek cenné látky.

His blood carried the nutrients far through his powerful body.

Jeho krev roznášela živiny daleko jeho silným tělem.

This built strong tissues that gave him incredible endurance.

Díky tomu si vybudoval silné tkáně, které mu dodávaly neuvěřitelnou vytrvalost.

His sight and smell became much more sensitive than before.

Jeho zrak a čich se staly mnohem citlivějšími než dříve.

His hearing grew so sharp he could detect faint sounds in sleep.

Jeho sluch se natolik zostřil, že dokázal ve spánku rozeznat slabé zvuky.

He knew in his dreams whether the sounds meant safety or danger.

Ve snech věděl, jestli zvuky znamenají bezpečí, nebo nebezpečí.

He learned to bite the ice between his toes with his teeth.

Naučil se kousat led mezi prsty na nohou zuby.

If a water hole froze over, he would break the ice with his legs.

Pokud zamrzla napajedla, prolámal led nohama.

He reared up and struck the ice hard with stiff front limbs.

Vzpjal se a ztuhlými předními končetinami silně udeřil do ledu.

His most striking ability was predicting wind changes overnight.

Jeho nejpozoruhodnější schopností bylo předpovídat změny větru přes noc.

Even when the air was still, he chose spots sheltered from wind.

I když byl vzduch klidný, vybíral si místa chráněná před větrem.

Wherever he dug his nest, the next day's wind passed him by.

Ať už si vykopal hnízdo kdekoli, vítr druhého dne ho minul.

He always ended up snug and protected, to leeward of the breeze.

Vždycky skončil útulně a chráněně, v závětří proti větru.

Buck not only learned by experience—his instincts returned too.

Buck se nejen poučil ze zkušeností – vrátily se mu i instinkty.

The habits of domesticated generations began to fall away.

Zvyky domestikovaných generací se začaly vytrácet.

In vague ways, he remembered the ancient times of his breed.

Matně si vzpomínal na dávné časy svého rodu.

He thought back to when wild dogs ran in packs through forests.

Vzpomněl si na dobu, kdy divocí psi běhali ve smečkách lesy.

They had chased and killed their prey while running it down.

Pronásledovali a zabíjeli svou kořist, zatímco ji doháněli.

It was easy for Buck to learn how to fight with tooth and speed.

Pro Bucka bylo snadné naučit se bojovat zuby a rychlostí.

He used cuts, slashes, and quick snaps just like his ancestors.

Používal řezy, seknutí a rychlé cvaknutí stejně jako jeho předkové.

Those ancestors stirred within him and awoke his wild nature.

Ti předkové se v něm probudí a probudí jeho divokou povahu.

Their old skills had passed into him through the bloodline.

Jejich staré dovednosti na něj přešly skrze pokrevní linii.

Their tricks were his now, with no need for practice or effort.

Jejich triky teď byly jeho, bez nutnosti cviku nebo úsilí.

On still, cold nights, Buck lifted his nose and howled.

Za tichých, chladných nocí Buck zvedl čumák a zavýjel.

He howled long and deep, the way wolves had done long ago.

Vyl dlouho a hluboce, jako to dělali vlci kdysi dávno.

Through him, his dead ancestors pointed their noses and howled.

Skrze něj jeho mrtví předkové ukazovali nosy a vyli.

They howled down through the centuries in his voice and shape.

Jeho hlasem a postavou se nesly skrz staletí vytím.

His cadences were theirs, old cries that told of grief and cold.

Jeho kadence byly jejich, staré výkřiky, které vyprávěly o zármutku a zimě.

They sang of darkness, of hunger, and the meaning of winter.

Zpívali o temnotě, hladu a významu zimy.

Buck proved of how life is shaped by forces beyond oneself,

Buck dokázal, jak je život formován silami mimo nás samotné.

the ancient song rose through Buck and took hold of his soul.

Stará píseň stoupala Buckem a zmocňovala se jeho duše.

He found himself because men had found gold in the North.

Našel se, protože muži na severu našli zlato.

And he found himself because Manuel, the gardener's helper, needed money.

A ocitl se v ní, protože Manuel, zahradníkův pomocník, potřeboval peníze.

The Dominant Primordial Beast
Dominantní Prvotní Bestie

The dominant primordial beast was as strong as ever in Buck.
Dominantní prvotní bestie byla v Buckovi stejně silná jako vždy.

But the dominant primordial beast had lain dormant in him.
Ale dominantní prvotní bestie v něm dřímala.

Trail life was harsh, but it strengthened beast inside Buck.
Život na stezce byl drsný, ale posílil v Buckovi zvířecí nitro.

Secretly the beast grew stronger and stronger every day.
Bestie tajně každým dnem sílila a sílila.

But that inner growth stayed hidden to the outside world.
Ale tento vnitřní růst zůstal skrytý před vnějším světem.

A quiet and calm primordial force was building inside Buck.
V Buckovi se budovala tichá a klidná prvotní síla.

New cunning gave Buck balance, calm control, and poise.
Nová lstivost dodala Buckovi rovnováhu, klidnou kontrolu a vyrovnanost.

Buck focused hard on adapting, never feeling fully relaxed.
Buck se usilovně soustředil na adaptaci, nikdy se necítil úplně uvolněný.

He avoided conflict, never starting fights, nor seeking trouble.
Vyhýbal se konfliktům, nikdy nezačínal hádky ani nevyhledával potíže.

A slow, steady thoughtfulness shaped Buck's every move.
Buckův každý pohyb formovala pomalá, vytrvalá přemýšlivost.

He avoided rash choices and sudden, reckless decisions.
Vyhýbal se ukvapeným rozhodnutím a náhlým, bezohledným rozhodnutím.

Though Buck hated Spitz deeply, he showed him no aggression.
Ačkoli Buck Spitze hluboce nenáviděl, neprojevoval vůči němu žádnou agresi.

Buck never provoked Spitz, and kept his actions restrained.

Buck Spitze nikdy neprovokoval a své jednání udržoval zdrženlivé.

Spitz, on the other hand, sensed the growing danger in Buck.

Spitz na druhou stranu vycítil rostoucí nebezpečí v Buckovi.

He saw Buck as a threat and a serious challenge to his power.

Bucka vnímal jako hrozbu a vážnou výzvu pro svou moc.

He used every chance to snarl and show his sharp teeth.

Využil každé příležitosti k zavrčení a vycenění ostrých zubů.

He was trying to start the deadly fight that had to come.

Snažil se zahájit smrtící boj, který musel přijít.

Early in the trip, a fight nearly broke out between them.

Na začátku cesty mezi nimi málem vypukla rvačka.

But an unexpected accident stopped the fight from happening.

Ale nečekaná nehoda zabránila souboji.

That evening they set up camp on the bitterly cold Lake Le Barge.

Toho večera si postavili tábor na krutě chladném jezeře Le Barge.

The snow was falling hard, and the wind cut like a knife.

Sníh padal hustě a vítr řezal jako nůž.

The night had come too fast, and darkness surrounded them.

Noc přišla příliš rychle a obklopila je tma.

They could hardly have chosen a worse place for rest.

Těžko si mohli vybrat horší místo pro odpočinek.

The dogs searched desperately for a place to lie down.

Psi zoufale hledali místo, kde by si mohli lehnout.

A tall rock wall rose steeply behind the small group.

Za malou skupinou se strmě zvedala vysoká skalní stěna.

The tent had been left behind in Dyea to lighten the load.

Stan byl zanechán v Dyea, aby se ulehčil náklad.

They had no choice but to make the fire on the ice itself.

Neměli jinou možnost, než rozdělat oheň přímo na ledě.

They spread their sleeping robes directly on the frozen lake.

Rozprostřeli si spací róby přímo na zamrzlém jezeře.

A few sticks of driftwood gave them a little bit of fire.

Pár větviček naplaveného dřeva jim dodalo trochu ohně.

But the fire was built on the ice, and thawed through it.

Ale oheň byl rozdělán na ledu a roztál se skrz něj.

Eventually they were eating their supper in darkness.

Nakonec jedli večeři ve tmě.

Buck curled up beside the rock, sheltered from the cold wind.

Buck se schoulil vedle skály, chráněný před studeným větrem.

The spot was so warm and safe that Buck hated to move away.

Místo bylo tak teplé a bezpečné, že se Buckovi nelíbilo odcházet.

But François had warmed the fish and was handing out rations.

Ale François ohřál rybu a rozdával příděly.

Buck finished eating quickly, and returned to his bed.

Buck rychle dojedl a vrátil se do postele.

But Spitz was now laying where Buck had made his bed.

Ale Spitz teď ležel tam, kde mu Buck ustlal postel.

A low snarl warned Buck that Spitz refused to move.

Tiché zavrčení varovalo Bucka, že se Spitz odmítá pohnout.

Until now, Buck had avoided this fight with Spitz.

Buck se tomuto souboji se Spitzem až doposud vyhýbal.

But deep inside Buck the beast finally broke loose.

Ale hluboko v Buckově nitru se bestie konečně uvolnila.

The theft of his sleeping place was too much to tolerate.

Krádež jeho spacího místa byla příliš k tolerování.

Buck launched himself at Spitz, full of anger and rage.

Buck se vrhl na Spitze, plný hněvu a vzteku.

Up until not Spitz had thought Buck was just a big dog.

Až donedávna si Spitz myslel, že Buck je jen velký pes.

He didn't think Buck had survived through his spirit.

Nemyslel si, že Buck přežil díky svému duchu.

He was expecting fear and cowardice, not fury and revenge.

Čekal strach a zbabělost, ne vztek a pomstu.

François stared as both dogs burst from the ruined nest.
François zíral, jak oba psi vylétli ze zničeného hnízda.
He understood at once what had started the wild struggle.
Okamžitě pochopil, co spustilo ten divoký boj.
"A-a-ah!" François cried out in support of the brown dog.
„Ááá!" vykřikl François na podporu hnědého psa.
"Give him a beating! By God, punish that sneaky thief!"
„Dejte mu výprask! Proboha, potrestejte toho lstivého
zloděje!"
Spitz showed equal readiness and wild eagerness to fight.
Spitz projevoval stejnou připravenost a divokou dychtivost k
boji.
He cried out in rage while circling fast, seeking an opening.
Vykřikl vzteky a rychle kroužil v hledání otvoru.
**Buck showed the same hunger to fight, and the same
caution.**
Buck projevoval stejnou touhu po boji a stejnou opatrnost.
**He circled his opponent as well, trying to gain the upper
hand in battle.**
Také obešel svého soupeře a snažil se získat v boji převahu.
**Then something unexpected happened and changed
everything.**
Pak se stalo něco nečekaného a všechno se změnilo.
That moment delayed the eventual fight for the leadership.
Ten okamžik oddálil konečný boj o vedení.
Many miles of trail and struggle still waited before the end.
Před koncem je čekalo ještě mnoho kilometrů cesty a boje.
Perrault shouted an oath as a club smacked against bone.
Perrault zaklel, když obušek narazil do kosti.
**A sharp yelp of pain followed, then chaos exploded all
around.**
Následoval ostrý bolestný výkřik a pak všude kolem
explodoval chaos.
**Dark shapes moved in camp; wild huskies, starved and
fierce.**
V táboře se pohybovaly temné postavy; divocí huskyové,
vyhladovělí a zuřiví.

Four or five dozen huskies had sniffed the camp from far away.
Čtyři nebo pět tuctů huskyů vyčenichalo tábor už z dálky.

They had crept in quietly while the two dogs fought nearby.
Tiše se vplížili dovnitř, zatímco se opodál prali dva psi.

François and Perrault charged, swinging clubs at the invaders.
François a Perrault zaútočili a mávali obušky na vetřelce.

The starving huskies showed teeth and fought back in frenzy.
Hladoví huskyové ukázali zuby a zuřivě se bránili.

The smell of meat and bread had driven them past all fear.
Vůně masa a chleba je zahnala za všechen strach.

Perrault beat a dog that had buried its head in the grub-box.
Perrault zbil psa, který si zabořil hlavu do krmné krabice.

The blow hit hard, and the box flipped, food spilling out.
Rána byla silná, krabice se převrátila a jídlo se z ní vysypalo.

In seconds, a score of wild beasts tore into the bread and meat.
Během několika sekund se do chleba a masa rozervala spousta divokých zvířat.

The men's clubs landed blow after blow, but no dog turned away.
Pánské hole zasazovaly úder za úderem, ale žádný pes se neodvrátil.

They howled in pain, but fought until no food remained.
Vyli bolestí, ale bojovali, dokud jim nezbylo žádné jídlo.

Meanwhile, the sled-dogs had jumped from their snowy beds.
Mezitím sáňkářští psi vyskočili ze svých zasněžených pelechů.

They were instantly attacked by the vicious hungry huskies.
Okamžitě je napadli zlí hladoví huskyové.

Buck had never seen such wild and starved creatures before.
Buck nikdy předtím neviděl tak divoká a vyhladovělá stvoření.

Their skin hung loose, barely hiding their skeletons.
Jejich kůže visela volně a sotva skrývala jejich kostry.

There was a fire in their eyes, from hunger and madness

V jejich očích byl oheň hladem a šílenstvím

There was no stopping them; no resisting their savage rush.

Nedalo se je zastavit; nedalo se odolat jejich divokému náporu.

The sled-dogs were shoved back, pressed against the cliff wall.

Sáňkové psy zatlačili dozadu a přitiskli je ke stěně útesu.

Three huskies attacked Buck at once, tearing into his flesh.

Tři huskyové zaútočili na Bucka najednou a trhali mu maso.

Blood poured from his head and shoulders, where he'd been cut.

Z hlavy a ramen, kde byl řezán, mu stékala krev.

The noise filled the camp; growling, yelps, and cries of pain.

Hluk naplnil tábor; vrčení, štěkání a výkřiky bolesti.

Billee cried loudly, as usual, caught in the fray and panic.

Billee hlasitě plakala, jako obvykle, zasažena vším tím harmonií a panikou.

Dave and Solleks stood side by side, bleeding but defiant.

Dave a Solleks stáli vedle sebe, krváceli, ale vzdorovitě.

Joe fought like a demon, biting anything that came close.

Joe bojoval jako démon a kousal všechno, co se k němu přiblížilo.

He crushed a husky's leg with one brutal snap of his jaws.

Jedním brutálním cvaknutím čelistí rozdrtil huskymu nohu.

Pike jumped on the wounded husky and broke its neck instantly.

Štika skočila na zraněného huskyho a okamžitě mu zlomila vaz.

Buck caught a husky by the throat and ripped through the vein.

Buck chytil huskyho za krk a roztrhl mu žílu.

Blood sprayed, and the warm taste drove Buck into a frenzy.

Krev stříkla a teplá chuť dohnala Bucka k šílenství.

He hurled himself at another attacker without hesitation.

Bez váhání se vrhl na dalšího útočníka.

At the same moment, sharp teeth dug into Buck's own throat.

Ve stejném okamžiku se Buckovi do hrdla zaryly ostré zuby.

Spitz had struck from the side, attacking without warning.

Spitz udeřil ze strany, útočil bez varování.

Perrault and François had defeated the dogs stealing the food.

Perrault a François porazili psy, kteří kradli jídlo.

Now they rushed to help their dogs fight back the attackers.

Nyní spěchali, aby pomohli svým psům odrazit útočníky.

The starving dogs retreated as the men swung their clubs.

Hladoví psi ustupovali, když muži mávali obušky.

Buck broke free from the attack, but the escape was brief.

Buck se útoku vymanil, ale útěk byl krátký.

The men ran to save their dogs, and the huskies swarmed again.

Muži běželi zachránit své psy a huskyové se znovu vyrojili.

Billee, frightened into bravery, leapt into the pack of dogs.

Billee, vyděšená k odvaze, skočila do smečky psů.

But then he fled across the ice, in raw terror and panic.

Ale pak utekl přes led, v syrové hrůze a panice.

Pike and Dub followed close behind, running for their lives.

Pike a Dub je těsně následovali a běželi, aby si zachránili život.

The rest of the team broke and scattered, following after them.

Zbytek týmu se rozprchl a následoval je.

Buck gathered his strength to run, but then saw a flash.

Buck sebral sílu k útěku, ale pak uviděl záblesk.

Spitz lunged at Buck's side, trying to knock him to the ground.

Spitz se vrhl na Bucka a snažil se ho srazit k zemi.

Under that mob of huskies, Buck would have had no escape.

Pod tou hordou huskyů by Buck neměl úniku.

But Buck stood firm and braced for the blow from Spitz.

Buck však stál pevně a připravoval se na Spitzův úder.

Then he turned and ran out onto the ice with the fleeing team.

Pak se otočil a vyběhl na led s prchajícím týmem.

Later, the nine sled-dogs gathered in the shelter of the woods.
Později se devět spřežených psů shromáždilo v lesním úkrytu.
No one chased them anymore, but they were battered and wounded.
Nikdo je už nepronásledoval, ale byli zbití a zranění.
Each dog had wounds; four or five deep cuts on every body.
Každý pes měl zranění; na každém těle čtyři nebo pět hlubokých řezných ran.
Dub had an injured hind leg and struggled to walk now.
Dub měl zraněnou zadní nohu a teď se mu těžko chodilo.
Dolly, the newest dog from Dyea, had a slashed throat.
Dolly, nejnovější fena z Dyea, měla podříznutý krk.
Joe had lost an eye, and Billee's ear was cut to pieces
Joe přišel o oko a Billee mělo ucho rozstříhané na kusy.
All the dogs cried in pain and defeat through the night.
Všichni psi celou noc křičeli bolestí a porážkou.
At dawn they crept back to camp, sore and broken.
Za úsvitu se plížili zpět do tábora, bolaví a zlomení.
The huskies had vanished, but the damage had been done.
Huskyové zmizeli, ale škoda už byla napáchána.
Perrault and François stood in foul moods over the ruin.
Perrault a François stáli nad zříceninou v nepříjemné náladě.
Half of the food was gone, snatched by the hungry thieves.
Polovina jídla byla pryč, uchvátili ji hladoví zloději.
The huskies had torn through sled bindings and canvas.
Huskyové protrhli vázání saní a plachtu.
Anything with a smell of food had been devoured completely.
Všechno, co vonělo po jídle, bylo úplně zhltnuto.
They ate a pair of Perrault's moose-hide traveling boots.
Snědli pár Perraultových cestovních bot z losí kůže.
They chewed leather reis and ruined straps beyond use.
Žvýkali kožené rei a ničili řemínky k nepoužitelnosti.
François stopped staring at the torn lash to check the dogs.

François přestal zírat na natrženou řasu, aby zkontroloval psy.
"Ah, my friends," he said, his voice low and filled with worry.
„Ach, přátelé," řekl tichým hlasem plným starostí.
"Maybe all these bites will turn you into mad beasts."
„Možná z vás všechna ta kousnutí udělají šílené bestie."
"Maybe all mad dogs, sacredam! What do you think, Perrault?"
„Možná všichni vzteklí psi, posvátný pane! Co myslíš, Perraulte?"
Perrault shook his head, eyes dark with concern and fear.
Perrault zavrtěl hlavou, oči potemnělé znepokojením a strachem.
Four hundred miles still lay between them and Dawson.
Od Dawsonu je stále dělilo čtyři sta mil.
Dog madness now could destroy any chance of survival.
Psí šílenství by teď mohlo zničit jakoukoli šanci na přežití.
They spent two hours swearing and trying to fix the gear.
Strávili dvě hodiny nadávkami a snahou opravit vybavení.
The wounded team finally left the camp, broken and defeated.
Zraněný tým nakonec opustil tábor, zlomený a poražený.
This was the hardest trail yet, and each step was painful.
Tohle byla dosud nejtěžší stezka a každý krok byl bolestivý.
The Thirty Mile River had not frozen, and was rushing wildly.
Řeka Třicet mil nezamrzla a divoce se valila.
Only in calm spots and swirling eddies did ice manage to hold.
Led se dokázal udržet pouze v klidných místech a vířících vírech.
Six days of hard labor passed until the thirty miles were done.
Uběhlo šest dní tvrdé práce, než byli třicet mil uraženi.
Each mile of the trail brought danger and the threat of death.
Každá míle stezky přinášela nebezpečí a hrozbu smrti.
The men and dogs risked their lives with every painful step.

Muži i psi riskovali své životy s každým bolestivým krokem.

Perrault broke through thin ice bridges a dozen different times.

Perrault prorazil tenké ledové mosty tucetkrát.

He carried a pole and let it fall across the hole his body made.

Nesl tyč a nechal ji spadnout přes díru, kterou jeho tělo vytvořilo.

More than once did that pole save Perrault from drowning.

Tato tyč Perraulta vícekrát zachránila před utonutím.

The cold snap held firm, the air was fifty degrees below zero.

Chladné počasí se drželo pevně, vzduch měl padesát stupňů pod nulou.

Every time he fell in, Perrault had to light a fire to survive.

Pokaždé, když Perrault spadl dovnitř, musel rozdělat oheň, aby přežil.

Wet clothing froze fast, so he dried them near blazing heat.

Mokré oblečení rychle mrzlo, a tak ho sušil poblíž spalujícího horka.

No fear ever touched Perrault, and that made him a courier.

Perraulta nikdy nepostihl strach, a to z něj dělalo kurýra.

He was chosen for danger, and he met it with quiet resolve.

Byl vybrán pro nebezpečí a čelil mu s tichým odhodláním.

He pressed forward into wind, his shriveled face frostbitten.

Tlačil se dopředu proti větru, scvrklý obličej měl omrzlý.

From faint dawn to nightfall, Perrault led them onward.

Od slabého úsvitu do soumraku je Perrault vedl vpřed.

He walked on narrow rim ice that cracked with every step.

Kráčel po úzkém ledovém okraji, který s každým krokem praskal.

They dared not stop — each pause risked a deadly collapse.

Neodvážili se zastavit – každá pauza riskovala smrtelný kolaps.

One time the sled broke through, pulling Dave and Buck in.

Jednou se sáně protrhly a vtáhly Davea a Bucka dovnitř.

By the time they were dragged free, both were near frozen.

Než je vytáhli na svobodu, byli oba téměř zmrzlí.

The men built a fire quickly to keep Buck and Dave alive.

Muži rychle rozdělali oheň, aby Bucka a Davea udrželi naživu.

The dogs were coated in ice from nose to tail, stiff as carved wood.

Psi byli od čumáku k ocasu potaženi ledem, tuhí jako vyřezávané dřevo.

The men ran them in circles near the fire to thaw their bodies.

Muži s nimi kroužili u ohně, aby jim rozmrzla těla.

They came so close to the flames that their fur was singed.

Přišli k plamenům tak blízko, že jim spálili srst.

Spitz broke through the ice next, dragging in the team behind him.

Spitz prorazil led jako další a táhl za sebou tým.

The break reached all the way up to where Buck was pulling.

Zlom sahal až k místu, kde Buck táhl.

Buck leaned back hard, paws slipping and trembling on the edge.

Buck se prudce zaklonil, tlapky mu na okraji klouzaly a třásly se.

Dave also strained backward, just behind Buck on the line.

Dave se také napjal dozadu, hned za Bucka na lajně.

François hauled on the sled, his muscles cracking with effort.

François táhl saně, svaly mu praskaly námahou.

Another time, rim ice cracked before and behind the sled.

Jindy se okrajový led praskal před a za saněmi.

They had no way out except to climb a frozen cliff wall.

Neměli jinou cestu ven, než vylézt po zamrzlé stěně útesu.

Perrault somehow climbed the wall; a miracle kept him alive.

Perrault nějakým způsobem přelezl zeď; zázrak ho udržel naživu.

François stayed below, praying for the same kind of luck.

François zůstal dole a modlil se za stejné štěstí.

They tied every strap, lashing, and trace into one long rope.
Svázali každý popruh, šňůru a provaz do jednoho dlouhého lana.

The men hauled each dog up, one at a time to the top.
Muži vytahovali každého psa nahoru, jednoho po druhém.

François climbed last, after the sled and the entire load.
François lezl poslední, po saních a celém nákladu.

Then began a long search for a path down from the cliffs.
Pak začalo dlouhé hledání cesty dolů z útesů.

They finally descended using the same rope they had made.
Nakonec sestoupili po stejném lanu, které si sami vyrobili.

Night fell as they returned to the riverbed, exhausted and sore.
Když se vyčerpaní a bolaví, padla noc.

They had taken a full day to cover only a quarter of a mile.
Trvalo jim celý den, než urazili pouhou čtvrt míle.

By the time they reached the Hootalinqua, Buck was worn out.
Než dorazili k Hootalinquě, Buck byl vyčerpaný.

The other dogs suffered just as badly from the trail conditions.
Ostatní psi trpěli stejně těžce podmínkami na stezce.

But Perrault needed to recover time, and pushed them on each day.
Perrault ale potřeboval získat zpět čas a každý den je tlačil dál.

The first day they traveled thirty miles to Big Salmon.
První den cestovali třicet mil do Big Salmonu.

The next day they travelled thirty-five miles to Little Salmon.
Následujícího dne cestovali třicet pět mil do Little Salmonu.

On the third day they pushed through forty long frozen miles.
Třetího dne se prodrali dlouhými čtyřiceti kilometry zmrzlých vod.

By then, they were nearing the settlement of Five Fingers.
V té době se blížili k osadě Five Fingers.

Buck's feet were softer than the hard feet of native huskies.
Buckovy nohy byly měkčí než tvrdé nohy původních huskyů.
His paws had grown tender over many civilized generations.
Jeho tlapky během mnoha civilizovaných generací zcitlivěly.
Long ago, his ancestors had been tamed by river men or hunters.
Kdysi dávno byli jeho předkové ochočeni říčními muži nebo lovci.
Every day Buck limped in pain, walking on raw, aching paws.
Buck každý den kulhal bolestí a chodil po odřených, bolavých tlapkách.
At camp, Buck dropped like a lifeless form upon the snow.
V táboře se Buck zhroutil na sníh jako bezvládné tělo.
Though starving, Buck did not rise to eat his evening meal.
Přestože Buck hladověl, nevstal, aby snědl večeři.
François brought Buck his ration, laying fish by his muzzle.
François přinesl Buckovi jeho příděl jídla a položil mu rybu k čenichu.
Each night the driver rubbed Buck's feet for half an hour.
Každou noc řidič půl hodiny třel Buckovi nohy.
François even cut up his own moccasins to make dog footwear.
François si dokonce nastříhal vlastní mokasíny, aby si z nich vyrobil psí boty.
Four warm shoes gave Buck a great and welcome relief.
Čtyři teplé boty poskytly Buckovi velkou a vítanou úlevu.
One morning, François forgot the shoes, and Buck refused to rise.
Jednoho rána si François zapomněl boty a Buck se odmítl vstát.
Buck lay on his back, feet in the air, waving them pitifully.
Buck ležel na zádech s nohama ve vzduchu a žalostně s nimi mával.
Even Perrault grinned at the sight of Buck's dramatic plea.
Dokonce i Perrault se při pohledu na Buckovu dramatickou prosbu ušklíbl.

Soon Buck's feet grew hard, and the shoes could be discarded.

Buckovi brzy ztvrdly nohy a boty mohl vyhodit.

At Pelly, during harness time, Dolly let out a dreadful howl.

V Pelly, během zapřažení, Dolly vydala strašlivý výkřik.

The cry was long and filled with madness, shaking every dog.

Křik byl dlouhý a plný šílenství, otřásal každým psem.

Each dog bristled in fear without knowing the reason.

Každý pes se zježil strachy, aniž by věděl proč.

Dolly had gone mad and hurled herself straight at Buck.

Dolly se zbláznila a vrhla se přímo na Bucka.

Buck had never seen madness, but horror filled his heart.

Buck nikdy neviděl šílenství, ale hrůza naplnila jeho srdce.

With no thought, he turned and fled in absolute panic.

Bez přemýšlení se otočil a v naprosté panice utekl.

Dolly chased him, her eyes wild, saliva flying from her jaws.

Dolly ho pronásledovala s divokým pohledem a slinami, které jí stékaly z čelistí.

She kept right behind Buck, never gaining and never falling back.

Držela se těsně za Buckem, nikdy ho nedoháněla ani neustupovala.

Buck ran through woods, down the island, across jagged ice.

Buck běžel lesem, dolů po ostrově, přes rozeklaný led.

He crossed to an island, then another, circling back to the river.

Přešel k jednomu ostrovu, pak k dalšímu a vrátil se k řece.

Still Dolly chased him, her growl close behind at every step.

Dolly ho stále pronásledovala a vrčení se ozývalo těsně za ním na každém kroku.

Buck could hear her breath and rage, though he dared not look back.

Buck slyšel její dech a vztek, i když se neodvážil ohlédnout.

François shouted from afar, and Buck turned toward the voice.

François zakřičel z dálky a Buck se otočil za hlasem.

Still gasping for air, Buck ran past, placing all hope in François.

Buck stále lapal po dechu a proběhl kolem a vkládal veškerou naději ve Françoise.

The dog-driver raised an axe and waited as Buck flew past.

Psí jezdec zvedl sekeru a čekal, až Buck proletí kolem.

The axe came down fast and struck Dolly's head with deadly force.

Sekera se rychle snesla a udeřila Dolly do hlavy smrtící silou.

Buck collapsed near the sled, wheezing and unable to move.

Buck se zhroutil poblíž saní, sípal a nebyl schopen se pohnout.

That moment gave Spitz his chance to strike an exhausted foe.

V tom okamžiku měl Spitz šanci zasáhnout vyčerpaného nepřítele.

Twice he bit Buck, ripping flesh down to the white bone.

Dvakrát kousl Bucka a roztrhal mu maso až k bílé kosti.

François's whip cracked, striking Spitz with full, furious force.

Françoisův bič praskl a udeřil Spitze plnou, zuřivou silou.

Buck watched with joy as Spitz received his harshest beating yet.

Buck s radostí sledoval, jak Spitz dostával svůj dosud nejkrutější výprask.

"He's a devil, that Spitz," Perrault muttered darkly to himself.

„Je to ďábel, ten Spitz," zamumlal si Perrault temně pro sebe.

"Someday soon, that cursed dog will kill Buck—I swear it."

„Jednoho dne brzy ten prokletý pes zabije Bucka – přísahám."

"That Buck has two devils in him," François replied with a nod.

„Ten Buck má v sobě dva ďábly," odpověděl François s kývnutím hlavy.

"When I watch Buck, I know something fierce waits in him."

„Když se dívám na Bucka, vím, že v něm čeká něco zuřivého."

"One day, he'll get mad as fire and tear Spitz to pieces."

„Jednoho dne se rozzuří jako oheň a roztrhá Špice na kusy."

"He'll chew that dog up and spit him on the frozen snow."

„Toho psa rozkouše a vyplivne ho na zmrzlý sníh."

"Sure as anything, I know this deep in my bones."

„Jasně že to vím, hluboko v kostech."

From that moment forward, the two dogs were locked in war.

Od té chvíle byli oba psi uvězněni ve válce.

Spitz led the team and held power, but Buck challenged that.

Spitz vedl tým a držel moc, ale Buck to zpochybnil.

Spitz saw his rank threatened by this odd Southland stranger.

Spitz viděl, jak tento podivný cizinec z Jihu ohrožuje jeho hodnost.

Buck was unlike any southern dog Spitz had known before.

Buck se nepodobal žádnému jižanskému psu, kterého Spitz předtím znal.

Most of them failed — too weak to live through cold and hunger.

Většina z nich selhala – byli příliš slabí na to, aby přežili zimu a hlad.

They died fast under labor, frost, and the slow burn of famine.

Rychle umírali v práci, mrazu a pomalém hoření hladomoru.

Buck stood apart — stronger, smarter, and more savage each day.

Buck vyčníval – silnější, chytřejší a každý den divočejší.

He thrived on hardship, growing to match the northern huskies.

Dařilo se mu v útrapách a vyrostl tak, aby se vyrovnal severním huskyům.

Buck had strength, wild skill, and a patient, deadly instinct.

Buck měl sílu, divokou dovednost a trpělivý, smrtící instinkt.

The man with the club had beaten rashness out of Buck.

Muž s kyjem z Bucka vymlátil ukvapenost.

Blind fury was gone, replaced by quiet cunning and control.

Slepá zuřivost byla pryč, nahrazena tichou lstí a
sebeovládáním.

He waited, calm and primal, watching for the right moment.
Čekal, klidný a prapůvodní, vyhlížel ten správný okamžik.

Their fight for command became unavoidable and clear.
Jejich boj o velení se stal nevyhnutelným a jasným.

Buck desired leadership because his spirit demanded it.
Buck toužil po vůdcovství, protože si to vyžadoval jeho duch.

He was driven by the strange pride born of trail and harness.
Poháněla ho zvláštní hrdost zrozená z cesty a postroje.

That pride made dogs pull till they collapsed on the snow.
Ta hrdost nutila psy táhnout, dokud se nezhroutili do sněhu.

Pride lured them into giving all the strength they had.
Pýcha je lákala k tomu, aby vydali veškerou sílu, kterou měli.

Pride can lure a sled-dog even to the point of death.
Pýcha dokáže sáňkového psa zlákat až k smrti.

Losing the harness left dogs broken and without purpose.
Ztráta postroje zanechala psy zlomené a bez smyslu.

**The heart of a sled-dog can be crushed by shame when they
retire.**
Srdce tažného psa může být zdrceno studem, když odejde do
důchodu.

Dave lived by that pride as he dragged the sled from behind.
Dave žil z této hrdosti, když táhl saně zezadu.

Solleks, too, gave his all with grim strength and loyalty.
I Solleks ze sebe vydal všechno s ponurou silou a loajalitou.

Each morning, pride turned them from bitter to determined.
Každé ráno je hrdost proměňovala z hořkosti v odhodlání.

They pushed all day, then dropped silent at the camp's end.
Celý den se tlačili a pak na konci tábora ztichli.

That pride gave Spitz the strength to beat shirkers into line.
Tato hrdost dala Spitzovi sílu dohnat ty, co se vyhýbají trestu.

**Spitz feared Buck because Buck carried that same deep
pride.**
Spitz se Bucka bál, protože Buck v sobě nesl stejnou hlubokou
hrdost.

Buck's pride now stirred against Spitz, and he did not stop.

Buckova hrdost se nyní vzbouřila proti Spitzovi a on se nezastavil.

Buck defied Spitz's power and blocked him from punishing dogs.

Buck se vzepřel Spitzově moci a zabránil mu v trestání psů.

When others failed, Buck stepped between them and their leader.

Když jiní selhali, Buck se postavil mezi ně a jejich vůdce.

He did this with intent, making his challenge open and clear.

Udělal to záměrně, svou výzvu dal jasně a otevřeně najevo.

On one night heavy snow blanketed the world in deep silence.

Jedné noci hustý sníh zahalil svět hlubokým tichem.

The next morning, Pike, lazy as ever, did not rise for work.

Druhý den ráno Pike, líný jako vždy, nevstal do práce.

He stayed hidden in his nest beneath a thick layer of snow.

Zůstal schovaný ve svém hnízdě pod silnou vrstvou sněhu.

François called out and searched, but could not find the dog.

François zavolal a hledal, ale psa nenašel.

Spitz grew furious and stormed through the snow-covered camp.

Spitz se rozzuřil a vtrhl do zasněženého tábora.

He growled and sniffed, digging madly with blazing eyes.

Vrčel a čichal a zuřivě kopal planoucíma očima.

His rage was so fierce that Pike shook under the snow in fear.

Jeho vztek byl tak prudký, že se Štika strachy třásla pod sněhem.

When Pike was finally found, Spitz lunged to punish the hiding dog.

Když byl Pike konečně nalezen, Spitz se vrhl na schovávajícího se psa, aby ho potrestal.

But Buck sprang between them with a fury equal to Spitz's own.

Buck se ale mezi ně vrhl s vztekem, který se rovnal Spitzově vlastnímu.

The attack was so sudden and clever that Spitz fell off his feet.
Útok byl tak náhlý a chytrý, že Spitz spadl z nohou.
Pike, who had been shaking, took courage from this defiance.
Pike, který se celý třásl, se z tohoto vzdoru povzbudil.
He leapt on the fallen Spitz, following Buck's bold example.
Skočil na padlého Špice a následoval Buckova odvážného příkladu.
Buck, no longer bound by fairness, joined the strike on Spitz.
Buck, kterého už nevázala spravedlnost, se připojil ke stávce na Spitzi.
François, amused yet firm in discipline, swung his heavy lash.
François, pobavený, ale zároveň neústupný v kázni, švihl těžkým bičem.
He struck Buck with all his strength to break up the fight.
Udeřil Bucka vší silou, aby rvačku ukončil.
Buck refused to move and stayed atop the fallen leader.
Buck se odmítl pohnout a zůstal na spadlém vůdci.
François then used the whip's handle, hitting Buck hard.
François pak použil rukojeť biče a silně udeřil Bucka.
Staggering from the blow, Buck fell back under the assault.
Buck se pod úderem zapotácel a pod útokem se zhroutil.
François struck again and again while Spitz punished Pike.
François udeřil znovu a znovu, zatímco Spitz trestal Pikea.

Days passed, and Dawson City grew nearer and nearer.
Dny plynuly a Dawson City se stále více přibližovalo.
Buck kept interfering, slipping between Spitz and other dogs.
Buck se pořád plel a vmísil se mezi Spitze a ostatní psy.
He chose his moments well, always waiting for François to leave.
Dobře si vybíral chvíle, vždycky čekal, až François odejde.

Buck's quiet rebellion spread, and disorder took root in the team.

Buckova tichá vzpoura se šířila a v týmu se zakořenil chaos.

Dave and Solleks stayed loyal, but others grew unruly.

Dave a Solleks zůstali věrní, ale jiní se stali neposlušnými.

The team grew worse—restless, quarrelsome, and out of line.

Tým se zhoršoval – byl neklidný, hádavý a vybočoval z latě.

Nothing worked smoothly anymore, and fights became common.

Nic už nefungovalo hladce a rvačky se staly běžnou záležitostí.

Buck stayed at the heart of the trouble, always provoking unrest.

Buck zůstával v centru dění a neustále vyvolával nepokoje.

François stayed alert, afraid of the fight between Buck and Spitz.

François zůstal ve střehu, protože se bál rvačky mezi Buckem a Spitzem.

Each night, scuffles woke him, fearing the beginning finally arrived.

Každou noc ho budily rvačky, protože se bál, že konečně nastal začátek.

He leapt from his robe, ready to break up the fight.

Vyskočil ze svého roucha, připravený přerušit rvačku.

But the moment never came, and they reached Dawson at last.

Ale ta chvíle nikdy nenastala a konečně dorazili do Dawsonu.

The team entered the town one bleak afternoon, tense and quiet.

Tým vjel do města jednoho pochmurného odpoledne, napjatý a tichý.

The great battle for leadership still hung in the frozen air.

Velká bitva o vedení stále visela ve vzduchu.

Dawson was full of men and sled-dogs, all busy with work.

Dawson byl plný mužů a spřežení, všichni byli zaneprázdněni prací.

Buck watched the dogs pull loads from morning until night.
Buck sledoval, jak psi tahájí břemena od rána do večera.
They hauled logs and firewood, freighted supplies to the mines.
Odváželi klády a palivové dříví, přepravovali zásoby do dolů.
Where horses once worked in the Southland, dogs now labored.
Tam, kde kdysi na Jihu pracovali koně, nyní dřeli psi.
Buck saw some dogs from the South, but most were wolf-like huskies.
Buck viděl několik psů z jihu, ale většina z nich byli vlčí huskyové.
At night, like clockwork, the dogs raised their voices in song.
V noci, jako hodinky, psi zvyšovali hlasy v písni.
At nine, at midnight, and again at three, the singing began.
V devět, o půlnoci a znovu ve tři začal zpěv.
Buck loved joining their eerie chant, wild and ancient in sound.
Buck se s oblibou přidával k jejich tajemnému zpěvu, divokému a starobylému.
The aurora flamed, stars danced, and snow blanketed the land.
Polární záře plápolala, hvězdy tančily a zemi pokrýval sníh.
The dogs' song rose as a cry against silence and bitter cold.
Psí zpěv se ozval jako křik proti tichu a kruté zimě.
But their howl held sorrow, not defiance, in every long note.
Ale v každém dlouhém tónu jejich vytí byl smutek, ne vzdor.
Each wailing cry was full of pleading; the burden of life itself.
Každý kvílivý výkřik byl plný proseb; břemeno samotného života.
That song was old—older than towns, and older than fires
Ta píseň byla stará – starší než města a starší než požáry
That song was more ancient even than the voices of men.
Ta píseň byla dokonce starší než lidské hlasy.

It was a song from the young world, when all songs were sad.

Byla to píseň z mladého světa, kdy všechny písně byly smutné.

The song carried sorrow from countless generations of dogs.

Píseň nesla smutek nesčetných generací psů.

Buck felt the melody deeply, moaning from pain rooted in the ages.

Buck tu melodii hluboce procítil a sténal bolestí zakořeněnou ve věcích.

He sobbed from a grief as old as the wild blood in his veins.

Vzlykal zármutkem starým jako divoká krev v jeho žilách.

The cold, the dark, and the mystery touched Buck's soul.

Chlad, tma a tajemno se dotkly Buckovy duše.

That song proved how far Buck had returned to his origins.

Ta píseň dokázala, jak hluboko se Buck vrátil ke svým kořenům.

Through snow and howling he had found the start of his own life.

Skrze sníh a vytí našel začátek svého vlastního života.

Seven days after arriving in Dawson, they set off once again.

Sedm dní po příjezdu do Dawsonu se znovu vydali na cestu.

The team dropped from the Barracks down to the Yukon Trail.

Tým klesl z kasáren dolů na Yukonskou stezku.

They began the journey back toward Dyea and Salt Water.

Vydali se na cestu zpět k Dyea a Salt Water.

Perrault carried dispatches even more urgent than before.

Perrault nosil ještě naléhavější zásilky než dříve.

He was also seized by trail pride and aimed to set a record.

Také ho pohltila hrdost na traily a jeho cílem bylo vytvořit rekord.

This time, several advantages were on Perrault's side.

Tentokrát bylo několik výhod na Perraultově straně.

The dogs had rested for a full week and regained their strength.

Psi odpočívali celý týden a nabrali zpět sílu.

The trail they had broken was now hard-packed by others.

Stezka, kterou prošlapali, byla nyní udupaná ostatními.

In places, police had stored food for dogs and men alike.

Na některých místech měla policie uskladněné jídlo pro psy i muže.

Perrault traveled light, moving fast with little to weigh him down.

Perrault cestoval nalehko, pohyboval se rychle a s malým množstvím věcí, které by ho tížily.

They reached Sixty-Mile, a fifty-mile run, by the first night.

První noc dorazili na Sixty-Mile, což byl běh dlouhý padesát mil.

On the second day, they rushed up the Yukon toward Pelly.

Druhého dne se řítili po Yukonu směrem k Pelly.

But such fine progress came with much strain for François.

Ale takový skvělý pokrok s sebou pro Françoise nesl velké úsilí.

Buck's quiet rebellion had shattered the team's discipline.

Buckova tichá vzpoura narušila disciplínu v týmu.

They no longer pulled together like one beast in the reins.

Už netáhli za jeden provaz jako jedna bestie v otěžích.

Buck had led others into defiance through his bold example.

Buck svým odvážným příkladem vedl ostatní k odporu.

Spitz's command was no longer met with fear or respect.

Spitzův rozkaz se již nesetkával se strachem ani respektem.

The others lost their awe of him and dared to resist his rule.

Ostatní ztratili k němu úctu a odvážili se vzdorovat jeho vládě.

One night, Pike stole half a fish and ate it under Buck's eye.

Jednou v noci Pike ukradl půlku ryby a snědl ji Buckovi přímo pod jeho okem.

Another night, Dub and Joe fought Spitz and went unpunished.

Další noc se Dub a Joe poprali se Spitzem a zůstali bez trestu.

Even Billee whined less sweetly and showed new sharpness.

Dokonce i Billee kňučela méně sladce a projevila novou bystrost.

Buck snarled at Spitz every time they crossed paths.

Buck na Spitze vrčel pokaždé, když se zkřížili.

Buck's attitude grew bold and threatening, nearly like a bully.

Buckův postoj se stal troufalým a hrozivým, skoro jako u tyrana.

He paced before Spitz with a swagger, full of mocking menace.

S chvástavým výrazem plným posměšné hrozby přecházel před Spitzem.

That collapse of order also spread among the sled-dogs.

Toto zhroucení pořádku se rozšířilo i mezi saňovými psy.

They fought and argued more than ever, filling camp with noise.

Hádali se a hádali víc než kdy dřív, a tábor naplňovali hlukem.

Camp life turned into a wild, howling chaos each night.

Život v táboře se každou noc měnil v divoký, kvílivý chaos.

Only Dave and Solleks remained steady and focused.

Pouze Dave a Solleks zůstali stabilní a soustředění.

But even they became short-tempered from the constant brawls.

Ale i oni se kvůli neustálým rvačkám rozčílili.

François cursed in strange tongues and stomped in frustration.

François zaklel v podivných jazycích a frustrovaně dupal.

He tore at his hair and shouted while snow flew underfoot.

Rval si vlasy a křičel, zatímco pod nohama létal sníh.

His whip snapped across the pack but barely kept them in line.

Jeho bič šlehl přes smečku, ale sotva je udržel v řadě.

Whenever his back was turned, the fighting broke out again.

Kdykoli se otočil zády, boj se znovu rozpoutal.

François used the lash for Spitz, while Buck led the rebels.

François použil bič pro Spitze, zatímco Buck vedl rebely.

Each knew the other's role, but Buck avoided any blame.
Každý znal roli toho druhého, ale Buck se jakémukoli obviňování vyhýbal.
François never caught Buck starting a fight or shirking his job.
François nikdy nepřistihl Bucka při tom, jak by začínal rvačku nebo se vyhýbal své práci.
Buck worked hard in harness — the toil now thrilled his spirit.
Buck tvrdě pracoval v postroji – dřina teď vzrušovala jeho ducha.
But he found even more joy in stirring fights and chaos in camp.
Ale ještě větší radost nacházel v rozdmýchávání rvaček a chaosu v táboře.

At the Tahkeena's mouth one evening, Dub startled a rabbit.
Jednoho večera u Tahkeeniných úst Dub vyplašil králíka.
He missed the catch, and the snowshoe rabbit sprang away.
Nechytil ho a králík na sněžnicích odskočil pryč.
In seconds, the entire sled team gave chase with wild cries.
Během několika sekund se celé spřežení s divokým křikem dalo do pronásledování.
Nearby, a Northwest Police camp housed fifty husky dogs.
Nedaleko se v táboře severozápadní policie nacházelo padesát psů husky.
They joined the hunt, surging down the frozen river together.
Připojili se k lovu a společně se řítili po zamrzlé řece.
The rabbit turned off the river, fleeing up a frozen creek bed.
Králík odbočil z řeky a utíkal zamrzlým korytem potoka.
The rabbit skipped lightly over snow while the dogs struggled through.
Králík lehce poskakoval po sněhu, zatímco se psi prodírali sněhem.

Buck led the massive pack of sixty dogs around each twisting bend.

Buck vedl obrovskou smečku šedesáti psů každou klikatou zatáčkou.

He pushed forward, low and eager, but could not gain ground.

Tlačil se vpřed, nízko a dychtivě, ale nemohl se prosadit.

His body flashed under the pale moon with each powerful leap.

Jeho tělo se s každým silným skokem mihlo v bledém měsíci.

Ahead, the rabbit moved like a ghost, silent and too fast to catch.

Před nimi se králík pohyboval jako duch, tichý a příliš rychlý, než aby ho bylo možné chytit.

All those old instincts — the hunger, the thrill — rushed through Buck.

Všechny ty staré instinkty – hlad, vzrušení – projely Buckem.

Humans feel this instinct at times, driven to hunt with gun and bullet.

Lidé tento instinkt občas pociťují, jsou hnáni k lovu s puškou a kulkou.

But Buck felt this feeling on a deeper and more personal level.

Buck ale tento pocit cítil na hlubší a osobnější úrovni.

They could not feel the wild in their blood the way Buck could feel it.

Nedokázali cítit divočinu ve své krvi tak, jak ji cítil Buck.

He chased living meat, ready to kill with his teeth and taste blood.

Honil živé maso, připravený zabíjet zuby a ochutnávat krev.

His body strained with joy, wanting to bathe in warm red life.

Jeho tělo se napínalo radostí a touhou se vykoupat v teplé rudé vodě života.

A strange joy marks the highest point life can ever reach.

Zvláštní radost označuje nejvyšší bod, kterého může život kdy dosáhnout.

The feeling of a peak where the living forget they are even alive.

Pocit vrcholu, kde živí zapomínají, že vůbec žijí.

This deep joy touches the artist lost in blazing inspiration.

Tato hluboká radost se dotýká umělce ztraceného v planoucí inspiraci.

This joy seizes the soldier who fights wildly and spares no foe.

Tato radost zmocňuje vojáka, který bojuje divoce a nešetří žádného nepřítele.

This joy now claimed Buck as he led the pack in primal hunger.

Tato radost nyní zachvátila Bucka, který vedl smečku v prvotním hladu.

He howled with the ancient wolf-cry, thrilled by the living chase.

Vyl starodávným vlčím řevem, vzrušený živou honičkou.

Buck tapped into the oldest part of himself, lost in the wild.

Buck se napojil na nejstarší část sebe sama, ztracenou v divočině.

He reached deep within, past memory, into raw, ancient time.

Sáhl hluboko do svého nitra, za hranice paměti, do syrového, dávného času.

A wave of pure life surged through every muscle and tendon.

Vlna čistého života projela každým svalem a šlachou.

Each leap shouted that he lived, that he moved through death.

Každý skok křičel, že žije, že se pohybuje skrze smrt.

His body soared joyfully over still, cold land that never stirred.

Jeho tělo se radostně vznášelo nad tichou, chladnou zemí, která se ani nepohnula.

Spitz stayed cold and cunning, even in his wildest moments.

Spitz zůstával chladnokrevný a lstivý, a to i v těch nejdivočejších chvílích.

He left the trail and crossed land where the creek curved wide.

Opustil stezku a přešel pozemek, kde se potok široce stáčel.

Buck, unaware of this, stayed on the rabbit's winding path.

Buck, nevědom si toho, zůstal na klikaté králíčí cestě.

Then, as Buck rounded a bend, the ghost-like rabbit was before him.

Pak, když Buck zahnul za zatáčku, objevil se před ním králík podobný duchu.

He saw a second figure leap from the bank ahead of the prey.

Viděl druhou postavu, jak vyskočila z břehu před kořistí.

The figure was Spitz, landing right in the path of the fleeing rabbit.

Tou postavou byl Spitz, který přistál přímo v cestě prchajícímu králíkovi.

The rabbit could not turn and met Spitz's jaws in mid-air.

Králík se nemohl otočit a ve vzduchu se setkal se Spitzovými čelistmi.

The rabbit's spine broke with a shriek as sharp as a dying human's cry.

Králíkovi se zlomila páteř s výkřikem ostrým jako pláč umírajícího člověka.

At that sound—the fall from life to death—the pack howled loud.

Při tom zvuku – pádu ze života do smrti – smečka hlasitě zavyla.

A savage chorus rose from behind Buck, full of dark delight.

Z Buckových zády se ozval divoký sbor plný temné radosti.

Buck gave no cry, no sound, and charged straight into Spitz.

Buck nevydal ani výkřik, ani hlásku a vrhl se přímo na Spitze.

He aimed for the throat, but struck the shoulder instead.

Mířil na krk, ale místo toho se trefil do ramene.

They tumbled through soft snow; their bodies locked in combat.

Propadali se měkkým sněhem; jejich těla se sevřela v boji.

Spitz sprang up quickly, as if never knocked down at all.

Spitz rychle vyskočil, jako by ho nikdo nesrazil.

He slashed Buck's shoulder, then leaped clear of the fight.

Sekl Buckovi do ramene a pak seskočil z boje.

Twice his teeth snapped like steel traps, lips curled and fierce.

Dvakrát mu cvakly zuby jako ocelové pasti, rty se zkřivily a byly zuřivé.

He backed away slowly, seeking firm ground under his feet.

Pomalu couval a hledal pevnou půdu pod nohama.

Buck understood the moment instantly and fully.

Buck pochopil tu chvíli okamžitě a plně.

The time had come; the fight was going to be a fight to the death.

Nastal čas; boj se měl konat na život a na smrt.

The two dogs circled, growling, ears flat, eyes narrowed.

Dva psi kroužili kolem, vrčeli, uši stáhly a oči zúžené.

Each dog waited for the other to show weakness or misstep.

Každý pes čekal, až ten druhý projeví slabost nebo udělá chybný krok.

To Buck, the scene felt eerily known and deeply remembered.

Buckovi se ta scéna zdála zlověstně známá a hluboce vzpomínaná.

The white woods, the cold earth, the battle under moonlight.

Bílé lesy, studená země, bitva za měsíčního svitu.

A heavy silence filled the land, deep and unnatural.

Krajinu naplnilo těžké ticho, hluboké a nepřirozené.

No wind stirred, no leaf moved, no sound broke the stillness.

Ani vítr se nepohnul, žádný list se nepohnul, žádný zvuk nenarušil ticho.

The dogs' breaths rose like smoke in the frozen, quiet air.

Psí dech stoupal v mrazivém, tichém vzduchu jako kouř.

The rabbit was long forgotten by the pack of wild beasts.

Králík byl smečkou divokých zvířat dávno zapomenut.

These half-tamed wolves now stood still in a wide circle.

Tito napůl zkrocení vlci nyní stáli nehybně v širokém kruhu.

They were quiet, only their glowing eyes revealed their hunger.

Byli tiší, jen jejich zářící oči prozrazovaly jejich hlad.

Their breath drifted upward, watching the final fight begin.

Zatajili dech a sledovali začátek závěrečného boje.

To Buck, this battle was old and expected, not strange at all.

Pro Bucka byla tato bitva stará a očekávaná, vůbec ne divná.

It felt like a memory of something always meant to happen.

Připadalo mi to jako vzpomínka na něco, co se mělo vždycky stát.

Spitz was a trained fighting dog, honed by countless wild brawls.

Špic byl vycvičený bojový pes, zdokonalený nesčetnými divokými rvačkami.

From Spitzbergen to Canada, he had mastered many foes.

Od Špicberk až po Kanadu si porazil mnoho nepřátel.

He was filled with fury, but never gave control to rage.

Byl plný vzteku, ale nikdy se nedal ovládnout.

His passion was sharp, but always tempered by hard instinct.

Jeho vášeň byla bystrá, ale vždycky ji tlumil tvrdý instinkt.

He never attacked until his own defense was in place.

Nikdy neútočil, dokud si nebyl připraven sám se bránit.

Buck tried again and again to reach Spitz's vulnerable neck.

Buck se znovu a znovu pokoušel dosáhnout na Spitzův zranitelný krk.

But every strike was met by a slash from Spitz's sharp teeth.

Ale každý úder se setkal s prudkým seknutím Spitzových ostrých zubů.

Their fangs clashed, and both dogs bled from torn lips.

Jejich tesáky se střetly a oběma psům tekla krev z roztržených rtů.

No matter how Buck lunged, he couldn't break the defense.

Ať se Buck vrhal jakkoli, nedokázal obranu prolomit.

He grew more furious, rushing in with wild bursts of power.

Zuřil čím dál víc a vrhal se do toho s divokými výbuchy síly.

Again and again, Buck struck for the white throat of Spitz.

Buck znovu a znovu útočil na Špicovo bílé hrdlo.

Each time Spitz evaded and struck back with a slicing bite.

Spitz se pokaždé vyhnul a udeřil zpět ostrým kousnutím.

Then Buck shifted tactics, rushing as if for the throat again.

Pak Buck změnil taktiku a znovu se vrhl, jako by mu chtěl sevřít po krku.

But he pulled back mid-attack, turning to strike from the side.

Ale uprostřed útoku se stáhl a otočil se k úderu ze strany.

He threw his shoulder into Spitz, aiming to knock him down.

Ramenem narazil do Spitze s cílem ho srazit k zemi.

Each time he tried, Spitz dodged and countered with a slash.

Pokaždé, když se o to pokusil, Spitz se vyhnul a kontroval seknutím.

Buck's shoulder grew raw as Spitz leapt clear after every hit.

Bucka bolelo rameno, když Spitz po každém zásahu odskočil.

Spitz had not been touched, while Buck bled from many wounds.

Spitze se nikdo nedotkl, zatímco Buck krvácel z mnoha ran.

Buck's breath came fast and heavy, his body slick with blood.

Buck lapal po dechu rychle a těžce, tělo měl kluzké od krve.

The fight turned more brutal with each bite and charge.

Souboj se s každým kousnutím a útokem stával brutálnějším.

Around them, sixty silent dogs waited for the first to fall.

Kolem nich šedesát tichých psů čekalo, až padnou první.

If one dog dropped, the pack were going to finish the fight.

Pokud by jeden pes upadl, smečka by boj dokončila.

Spitz saw Buck weakening, and began to press the attack.

Spitz viděl, jak Buck slábne, a začal tlačit do útoku.

He kept Buck off balance, forcing him to fight for footing.

Zvedl Bucka z rovnováhy a donutil ho bojovat o stabilitu.

Once Buck stumbled and fell, and all the dogs rose up.

Jednou Buck zakopl a upadl a všichni psi vstali.

But Buck righted himself mid-fall, and everyone sank back down.

Ale Buck se v polovině pádu vzpamatoval a všichni se zase snesli dolů.

Buck had something rare — imagination born from deep instinct.

Buck měl něco vzácného – představivost zrozenou z hlubokého instinktu.

He fought by natural drive, but he also fought with cunning.

Bojoval s přirozeným pudem, ale bojoval také s lstí.

He charged again as if repeating his shoulder attack trick.

Znovu se vrhl do útoku, jako by opakoval svůj trik s útokem ramenem.

But at the last second, he dropped low and swept beneath Spitz.

Ale v poslední vteřině se snesl nízko a proplétal se pod Spitzem.

His teeth locked on Spitz's front left leg with a snap.

Jeho zuby se s cvaknutím zaryly do Spitzovy přední levé nohy.

Spitz now stood unsteady, his weight on only three legs.

Spitz teď stál nejistě, opíraje se pouze o tři nohy.

Buck struck again, tried three times to bring him down.

Buck znovu udeřil a třikrát se ho pokusil srazit k zemi.

On the fourth attempt he used the same move with success

Na čtvrtý pokus úspěšně použil stejný tah.

This time Buck managed to bite the right leg of Spitz.

Tentokrát se Buckovi podařilo kousnout Spitzovi do pravé nohy.

Spitz, though crippled and in agony, kept struggling to survive.

Spitz, ačkoli byl zmrzačený a trpěl bolestmi, se stále snažil přežít.

He saw the circle of huskies tighten, tongues out, eyes glowing.

Viděl, jak se kruh huskyů stahuje, vyplazené jazyky a zářící oči.

They waited to devour him, just as they had done to others.

Čekali, aby ho mohli pohltit, stejně jako to udělali s ostatními.

This time, he stood in the center; defeated and doomed.

Tentokrát stál uprostřed; poražený a odsouzený k záhubě.

There was no option to escape for the white dog now.

Bílý pes teď neměl jinou možnost útěku.

Buck showed no mercy, for mercy did not belong in the wild.

Buck neprojevoval žádné slitování, neboť slitování do divočiny nepatří.

Buck moved carefully, setting up for the final charge.

Buck se opatrně pohyboval a připravoval se na závěrečný útok.

The circle of huskies closed in; he felt their warm breaths.

Kruh huskyů se sevřel; cítil jejich teplý dech.

They crouched low, prepared to spring when the moment came.

Schoulili se, připraveni skočit, až přijde ta správná chvíle.

Spitz quivered in the snow, snarling and shifting his stance.

Spitz se třásl ve sněhu, vrčel a měnil postoj.

His eyes glared, lips curled, teeth flashing in desperate threat.

Jeho oči zářily, rty byly zkřivené a zuby se blýskaly zoufalou hrozbou.

He staggered, still trying to hold off the cold bite of death.

Zavrávoral a stále se snažil zadržet chladný kousnutí smrti.

He had seen this before, but always from the winning side.

Už tohle viděl dřív, ale vždycky z vítězné strany.

Now he was on the losing side; the defeated; the prey; death.

Teď byl na straně poražených; poražených; kořisti; smrti.

Buck circled for the final blow, the ring of dogs pressed closer.

Buck kroužil k poslednímu úderu, kruh psů se přiblížil.

He could feel their hot breaths; ready for the kill.

Cítil jejich horký dech; připraveni zabít.

A stillness fell; all was in its place; time had stopped.

Nastalo ticho; všechno bylo na svém místě; čas se zastavil.

Even the cold air between them froze for one last moment.

Dokonce i studený vzduch mezi nimi na poslední okamžik ztuhl.

Only Spitz moved, trying to hold off his bitter end.

Pohyboval se jen Spitz a snažil se oddálit svůj hořký konec.

The circle of dogs was closing in around him, as was his destiny.

Kruh psů se kolem něj svíral, stejně jako jeho osud.

He was desperate now, knowing what was about to happen.

Byl teď zoufalý, věděl, co se stane.

Buck sprang in, shoulder met shoulder one last time.

Buck vskočil dovnitř a naposledy se ramenem setkal.

The dogs surged forward, covering Spitz in the snowy dark.

Psi se vrhli vpřed a zakryli Spitze v zasněžené tmě.

Buck watched, standing tall; the victor in a savage world.

Buck se díval, stojící vzpřímeně; vítěz v divokém světě.

The dominant primordial beast had made its kill, and it was good.

Dominantní prvotní bestie ulovila kořist a bylo to dobré.

He, Who Has Won to Mastership
Ten, kdo dosáhl mistrovství

"Eh? What did I say? I speak true when I say Buck is a devil."

„Eh? Co jsem to říkal? Mluvím pravdu, když říkám, že Buck je ďábel."

François said this the next morning after finding Spitz missing.

François to řekl následující ráno poté, co zjistil, že Spitz zmizel.

Buck stood there, covered with wounds from the vicious fight.

Buck tam stál, pokrytý ranami z nelítostného boje.

François pulled Buck near the fire and pointed at the injuries.

François přitáhl Bucka k ohni a ukázal na zranění.

"That Spitz fought like the Devik," said Perrault, eyeing the deep gashes.

„Ten Spitz bojoval jako Devik," řekl Perrault a prohlížel si hluboké rány.

"And that Buck fought like two devils," François replied at once.

„A ten Buck se pral jako dva ďáblové," odpověděl François okamžitě.

"Now we will make good time; no more Spitz, no more trouble."

„Teď už to zvládneme dobře; už žádný Spitz, žádné další potíže."

Perrault was packing the gear and loaded the sled with care.

Perrault balil vybavení a opatrně nakládal saně.

François harnessed the dogs in preparation for the day's run.

François postrojil psy a připravil je na dnešní běh.

Buck trotted straight to the lead position once held by Spitz.

Buck klusal rovnou na vedoucí pozici, kterou dříve držel Spitz.

But François, not noticing, led Solleks forward to the front.

Ale François si toho nevšiml a vedl Sollekse dopředu.

In François's judgment, Solleks was now the best lead-dog.

Podle Françoisova úsudku byl Solleks nyní nejlepším vodicím psem.

Buck sprang at Solleks in fury and drove him back in protest.

Buck se na Solleksa rozzuřeně vrhl a na protest ho zatlačil zpět.

He stood where Spitz once had stood, claiming the lead position.

Stál tam, kde kdysi stál Spitz, a nárokoval si vedoucí pozici.

"Eh? Eh?" cried François, slapping his thighs in amusement.

„Cože? Cože?" zvolal François a pobaveně se plácal po stehnech.

"Look at Buck—he killed Spitz, now he wants to take the job!"

„Podívejte se na Bucka – zabil Spitze a teď chce vzít tu práci!"

"Go away, Chook!" he shouted, trying to drive Buck away.

„Jdi pryč, Chooku!" křičel a snažil se Bucka odehnat.

But Buck refused to move and stood firm in the snow.

Ale Buck se odmítl pohnout a pevně stál ve sněhu.

François grabbed Buck by the scruff, dragging him aside.

François chytil Bucka za kůži a odtáhl ho stranou.

Buck growled low and threateningly but did not attack.

Buck tiše a výhružně zavrčel, ale nezaútočil.

François put Solleks back in the lead, trying to settle the dispute

François dostal Solleksa zpět do vedení a snažil se urovnat spor.

The old dog showed fear of Buck and didn't want to stay.

Starý pes projevoval strach z Bucka a nechtěl zůstat.

When François turned his back, Buck drove Solleks out again.

Když se François otočil zády, Buck Solleksa znovu vyhnal.

Solleks did not resist and quietly stepped aside once more.

Solleks se nebránil a tiše znovu ustoupil stranou.

François grew angry and shouted, "By God, I fix you!"

François se rozzlobil a vykřikl: „Při Bohu, já tě vyléčím!"

He came toward Buck holding a heavy club in his hand.

Přistoupil k Buckovi a v ruce držel těžký kyj.

Buck remembered the man in the red sweater well.

Buck si muže v červeném svetru dobře pamatoval.

He retreated slowly, watching François, but growling deeply.

Pomalu ustupoval, pozoroval Françoise, ale hluboce vrčel.

He did not rush back, even when Solleks stood in his place.

Nespěchal zpět, ani když Solleks stál na jeho místě.

Buck circled just beyond reach, snarling in fury and protest.

Buck kroužil těsně mimo jejich dosah a vrčel vzteky a protestem.

He kept his eyes on the club, ready to dodge if François threw.

Nepřetržitě sledoval hůl, připravený uhnout, kdyby François hodil.

He had grown wise and wary in the ways of men with weapons.

Zmoudřel a zpozorněl, co se týče způsobů ozbrojených mužů.

François gave up and called Buck to his former place again.

François to vzdal a znovu zavolal Bucka na své dřívější místo.

But Buck stepped back cautiously, refusing to obey the order.

Buck ale opatrně ustoupil a odmítl uposlechnout rozkaz.

François followed, but Buck only retreated a few steps more.

François ho následoval, ale Buck ustoupil jen o pár kroků.

After some time, François threw the weapon down in frustration.

Po nějaké době François ve frustraci odhodil zbraň.

He thought Buck feared a beating and was going to come quietly.

Myslel si, že se Buck bojí výprasku a že přijde potichu.

But Buck wasn't avoiding punishment—he was fighting for rank.

Buck se ale trestu nevyhýbal – bojoval o hodnost.

He had earned the lead-dog spot through a fight to the death

Místo vůdčího psa si vysloužil bojem na život a na smrt.

he was not going to settle for anything less than being the leader.

Nehodlán se spokojit s ničím menším než s tím, že bude vůdcem.

Perrault took a hand in the chase to help catch the rebellious Buck.

Perrault se zapojil do honičky, aby pomohl chytit vzpurného Bucka.

Together, they ran him around the camp for nearly an hour.

Společně ho téměř hodinu vodili po táboře.

They hurled clubs at him, but Buck dodged each one skillfully.

Házeli po něm kyje, ale Buck se každé z nich obratně vyhnul.

They cursed him, his ancestors, his descendants, and every hair on him.

Prokleli jeho, jeho předky, jeho potomky a každý jeho vlas.

But Buck only snarled back and stayed just out of their reach.

Ale Buck jen zavrčel a držel se těsně mimo jejich dosah.

He never tried to run away but circled the camp deliberately.

Nikdy se nepokusil utéct, ale úmyslně tábor kroužil.

He made it clear he was going to obey once they gave him what he wanted.

Dal jasně najevo, že poslechne, jakmile mu dají, co chce.

François finally sat down and scratched his head in frustration.

François se konečně posadil a frustrovaně se poškrábal na hlavě.

Perrault checked his watch, swore, and muttered about lost time.

Perrault se podíval na hodinky, zaklel a zamumlal si něco o ztraceném čase.

An hour had already passed when they should have been on the trail.

Už uplynula hodina, kdy měli být na stezce.

François shrugged sheepishly at the courier, who sighed in defeat.

François ostýchavě pokrčil rameny směrem k kurýrovi, který si porážečně povzdechl.

Then François walked to Solleks and called out to Buck once more.

Pak François přešel k Solleksovi a znovu zavolal na Bucka.

Buck laughed like a dog laughs, but kept his cautious distance.

Buck se smál jako pes, ale držel si opatrný odstup.

François removed Solleks's harness and returned him to his spot.

François sundal Solleksovi postroj a vrátil ho na jeho místo.

The sled team stood fully harnessed, with only one spot unfilled.

Spřežení stálo plně zapřažené, jen jedno místo bylo neobsazené.

The lead position remained empty, clearly meant for Buck alone.

Vedoucí pozice zůstala prázdná, zjevně určená pouze pro Bucka.

François called again, and again Buck laughed and held his ground.

François zavolal znovu a Buck se znovu zasmál a stál na svém.

"Throw down the club," Perrault ordered without hesitation.

„Hoďte klackem dolů," nařídil Perrault bez váhání.

François obeyed, and Buck immediately trotted forward proudly.

François poslechl a Buck okamžitě hrdě vyklusal vpřed.

He laughed triumphantly and stepped into the lead position.

Vítězně se zasmál a zaujal vedoucí pozici.

François secured his traces, and the sled was broken loose.

François si zajistil stopy a sáně se uvolnily.

Both men ran alongside as the team raced onto the river trail.

Oba muži běželi vedle nich, když se tým hnal na stezku podél řeky.

François had thought highly of Buck's "two devils,"

François si Buckových „dvou ďáblů" vážil.

but he soon realized he had actually underestimated the dog.

ale brzy si uvědomil, že psa ve skutečnosti podcenil.

Buck quickly assumed leadership and performed with excellence.

Buck se rychle ujal vedení a podával vynikající výkony.

In judgment, quick thinking, and fast action, Buck surpassed Spitz.

V úsudku, rychlém myšlení a rychlé akci Buck Spitze předčil.

François had never seen a dog equal to what Buck now displayed.

François nikdy neviděl psa rovného tomu, jakého teď Buck předváděl.

But Buck truly excelled in enforcing order and commanding respect.

Buck ale skutečně vynikal v prosazování pořádku a vzbuzování respektu.

Dave and Solleks accepted the change without concern or protest.

Dave a Solleks změnu přijali bez obav a protestů.

They focused only on work and pulling hard in the reins.

Soustředili se jen na práci a tvrdě tahali za otěže.

They cared little who led, so long as the sled kept moving.

Moc jim nezáleželo na tom, kdo vede, hlavně aby se sáně pohybovaly.

Billee, the cheerful one, could have led for all they cared.

Billee, ta veselá, mohla vést, ať jim bylo cokoliv.

What mattered to them was peace and order in the ranks.

Záleželo jim na klidu a pořádku v řadách.

The rest of the team had grown unruly during Spitz's decline.

Zbytek týmu se během Spitzova úpadku stal neposlušným.

They were shocked when Buck immediately brought them to order.

Byli šokováni, když je Buck okamžitě uvedl do pořádku.

Pike had always been lazy and dragging his feet behind Buck.
Pike byl vždycky líný a vlekl se za Buckem.
But now was sharply disciplined by the new leadership.
Ale nyní byl novým vedením ostře potrestán.
And he quickly learned to pull his weight in the team.
A rychle se naučil v týmu hrát klíčovou roli.
By the end of the day, Pike worked harder than ever before.
Na konci dne Pike pracoval tvrději než kdy jindy.
That night in camp, Joe, the sour dog, was finally subdued.
Té noci v táboře byl Joe, ten kyselý pes, konečně zkrocen.
Spitz had failed to discipline him, but Buck did not fail.
Spitz ho nedokázal potrestat, ale Buck nezklamal.
Using his greater weight, Buck overwhelmed Joe in seconds.
Buck využil své větší váhy a během několika sekund Joea přemohl.
He bit and battered Joe until he whimpered and ceased resisting.
Kousal a tloukl Joea, dokud nezakňoural a nepřestal se bránit.
The whole team improved from that moment on.
Celý tým se od té chvíle zlepšil.
The dogs regained their old unity and discipline.
Psi znovu získali svou starou jednotu a disciplínu.
At Rink Rapids, two new native huskies, Teek and Koona, joined.
V Rink Rapids se připojili dva noví původní huskyové, Teek a Koona.
Buck's swift training of them astonished even François.
Buckův rychlý výcvik ohromil i Françoise.
"Never was there such a dog as that Buck!" he cried in amazement.
„Nikdy tu nebyl takový pes jako tenhle Buck!" zvolal s úžasem.
"No, never! He's worth one thousand dollars, by God!"
„Ne, nikdy! Vždyť má hodnotu tisíc dolarů, proboha!"
"Eh? What do you say, Perrault?" he asked with pride.
„Cože? Co říkáte, Perraulte?" zeptal se s hrdostí.

Perrault nodded in agreement and checked his notes.
Perrault souhlasně přikývl a zkontroloval si poznámky.
We're already ahead of schedule and gaining more each day.
Už teď předbíháme plán a každý den získáváme další.
The trail was hard-packed and smooth, with no fresh snow.
Stezka byla zpevněná a hladká, bez čerstvého sněhu.
The cold was steady, hovering at fifty below zero throughout.
Chlad byl stálý a po celou dobu se pohyboval kolem padesáti stupňů pod nulou.
The men rode and ran in turns to keep warm and make time.
Muži se střídali v jízdě a běhu, aby se zahřáli a udělali si čas.
The dogs ran fast with few stops, always pushing forward.
Psi běželi rychle s několika málo zastávkami a neustále se tlačili vpřed.
The Thirty Mile River was mostly frozen and easy to travel across.
Řeka Třicet mil byla většinou zamrzlá a snadno se přes ni dalo cestovat.
They went out in one day what had taken ten days coming in.
Odešli během jednoho dne, zatímco příjezd jim trval deset dní.
They made a sixty-mile dash from Lake Le Barge to White Horse.
Urazili šedesát mil od jezera Le Barge k Bílému koni.
Across Marsh, Tagish, and Bennett Lakes they moved incredibly fast.
Přes jezera Marsh, Tagish a Bennett se pohybovali neuvěřitelně rychle.
The running man towed behind the sled on a rope.
Běžící muž táhl saně na laně.
On the last night of week two they got to their destination.
Poslední noc druhého týdne dorazili do cíle.
They had reached the top of White Pass together.
Společně dosáhli vrcholu Bílého průsmyku.
They dropped down to sea level with Skaguay's lights below them.

Klesli na hladinu moře se světly Skaguaye pod sebou.

It had been a record-setting run across miles of cold wilderness.

Byl to rekordní běh napříč kilometry chladné divočiny.

For fourteen days straight, they averaged a strong forty miles.

Čtrnáct dní v kuse urazili v průměru silných šedesát mil.

In Skaguay, Perrault and François moved cargo through town.

Ve Skaguay přepravovali Perrault a François náklad městem.

They were cheered and offered many drinks by admiring crowds.

Obdivující davy je povzbuzovaly a nabízely jim mnoho nápojů.

Dog-busters and workers gathered around the famous dog team.

Lovci psů a pracovníci se shromáždili kolem slavného psího spřežení.

Then western outlaws came to town and met violent defeat.

Pak do města přišli západní zločinci a utrpěli tuhou porážku.

The people soon forgot the team and focused on new drama.

Lidé brzy zapomněli na tým a soustředili se na nové drama.

Then came the new orders that changed everything at once.

Pak přišly nové rozkazy, které všechno najednou změnily.

François called Buck to him and hugged him with tearful pride.

François si k sobě zavolal Bucka a s hrdostí, která se mu do očí do očí, ho objal.

That moment was the last time Buck ever saw François again.

V tom okamžiku Buck Françoise viděl naposledy.

Like many men before, both François and Perrault were gone.

Stejně jako mnoho mužů předtím, i François i Perrault byli pryč.

A Scotch half-breed took charge of Buck and his sled dog teammates.

Skotský míšenec se ujal vedení Bucka a jeho kolegů ze psího spřežení.

With a dozen other dog teams, they returned along the trail to Dawson.

S tuctem dalších psích spřežení se vrátili po stezce do Dawsonu.

It was no fast run now — just heavy toil with a heavy load each day.

Teď to nebyl žádný rychlý běh – jen těžká dřina s těžkým nákladem každý den.

This was the mail train, bringing word to gold hunters near the Pole.

Toto byl poštovní vlak, který přivážel zprávy lovcům zlata blízko pólu.

Buck disliked the work but bore it well, taking pride in his effort.

Buck tu práci neměl rád, ale snášel ji dobře a byl na svou snahu hrdý.

Like Dave and Solleks, Buck showed devotion to every daily task.

Stejně jako Dave a Solleks, i Buck projevoval oddanost každému každodennímu úkolu.

He made sure his teammates each pulled their fair weight.

Ujistil se, že každý z jeho spoluhráčů odvedl svou práci.

Trail life became dull, repeated with the precision of a machine.

Život na stezkách se stal nudným, opakujícím se s přesností stroje.

Each day felt the same, one morning blending into the next.

Každý den se zdál stejný, jedno ráno splývalo s dalším.

At the same hour, the cooks rose to build fires and prepare food.

Ve stejnou hodinu vstali kuchaři, aby rozdělali oheň a připravili jídlo.

After breakfast, some left camp while others harnessed the dogs.

Po snídani někteří opustili tábor, zatímco jiní zapřahli psy.

They hit the trail before the dim warning of dawn touched the sky.

Vydali se na stezku dříve, než se oblohy dotklo slabé varování před úsvitem.

At night, they stopped to make camp, each man with a set duty.

V noci se zastavili, aby si postavili tábor, každý muž s pevně stanovenou povinností.

Some pitched the tents, others cut firewood and gathered pine boughs.

Někteří stavěli stany, jiní káceli dříví a sbírali borové větve.

Water or ice was carried back to the cooks for the evening meal.

Na večeři se kuchařům nosila voda nebo led.

The dogs were fed, and this was the best part of the day for them.

Psi byli nakrmeni a tohle pro ně byla nejlepší část dne.

After eating fish, the dogs relaxed and lounged near the fire.

Poté, co snědli rybu, si psi odpočinuli a lenošili u ohně.

There were a hundred other dogs in the convoy to mingle with.

V konvoji bylo dalších sto psů, se kterými se dalo vmísit.

Many of those dogs were fierce and quick to fight without warning.

Mnoho z těchto psů bylo divokých a rychlých do boje bez varování.

But after three wins, Buck mastered even the fiercest fighters.

Ale po třech vítězstvích Buck zvládl i ty nejzuřivější bojovníky.

Now when Buck growled and showed his teeth, they stepped aside.

Když Buck zavrčel a ukázal zuby, ustoupili stranou.

Perhaps best of all, Buck loved lying near the flickering campfire.

Snad ze všeho nejvíc Buck miloval ležení u mihotavého ohně.

He crouched with hind legs tucked and front legs stretched ahead.

Dřepěl se se zastrčenými zadními nohami a nataženými předními vpřed.

His head was raised as he blinked softly at the glowing flames.

Zvedl hlavu a tiše zamrkal na zářící plameny.

Sometimes he recalled Judge Miller's big house in Santa Clara.

Někdy si vzpomínal na velký dům soudce Millera v Santa Claře.

He thought of the cement pool, of Ysabel, and the pug called Toots.

Myslel na betonový bazén, na Ysabel a mopse jménem Toots.

But more often he remembered the man with the red sweater's club.

Ale častěji si vzpomínal na muže s kyjem v červeném svetru.

He remembered Curly's death and his fierce battle with Spitz.

Vzpomněl si na Kudrnatýho smrt a jeho zuřivý boj se Spitzem.

He also recalled the good food he had eaten or still dreamed of.

Také si vzpomněl na dobré jídlo, které jedl nebo o kterém stále snil.

Buck was not homesick—the warm valley was distant and unreal.

Buckovi se nestýskalo po domově – teplé údolí bylo vzdálené a neskutečné.

Memories of California no longer held any real pull over him.

Vzpomínky na Kalifornii ho už žádnou skutečnou přitažlivost neměly.

Stronger than memory were instincts deep in his bloodline.

Silnější než paměť byly instinkty hluboko v jeho krevní linii.

Habits once lost had returned, revived by the trail and the wild.

Zvyky kdysi ztracené se vrátily, oživené stezkou a divočinou.

As Buck watched the firelight, it sometimes became something else.

Když Buck pozoroval světlo ohně, občas se to stávalo něčím jiným.

He saw in the firelight another fire, older and deeper than the present one.

Ve světle ohně spatřil další oheň, starší a hlubší než ten současný.

Beside that other fire crouched a man unlike the half-breed cook.

Vedle toho druhého ohně se krčil muž, nepodobný míšenému kuchaři.

This figure had short legs, long arms, and hard, knotted muscles.

Tato postava měla krátké nohy, dlouhé paže a pevné, zauzlené svaly.

His hair was long and matted, sloping backward from the eyes.

Jeho vlasy byly dlouhé a zacuchané, splývavé od očí.

He made strange sounds and stared out in fear at the darkness.

Vydával zvláštní zvuky a s hrůzou zíral do tmy.

He held a stone club low, gripped tightly in his long rough hand.

V dlouhé drsné ruce pevně svíral kamennou kyj nízko.

The man wore little; just a charred skin that hung down his back.

Muž měl na sobě jen málo věcí; jen spálenou kůži, která mu visela po zádech.

His body was covered with thick hair across arms, chest, and thighs.

Jeho tělo bylo pokryto hustými chlupy na pažích, hrudi a stehnech.

Some parts of the hair were tangled into patches of rough fur.

Některé části vlasů byly zacuchané do chomáčků drsné srsti.

He did not stand straight but bent forward from the hips to knees.

Nestál rovně, ale předkloněný od boků ke kolenům.

His steps were springy and catlike, as if always ready to leap.

Jeho kroky byly pružné a kočičí, jako by byl vždy připraven ke skoku.

There was a sharp alertness, like he lived in constant fear.

Byla v něm silná bdělost, jako by žil v neustálém strachu.

This ancient man seemed to expect danger, whether the danger was seen or not.

Zdálo se, že tento starý muž očekává nebezpečí, ať už ho viděl, nebo ne.

At times the hairy man slept by the fire, head tucked between legs.

Chlupatý muž občas spal u ohně s hlavou schovanou mezi nohama.

His elbows rested on his knees, hands clasped above his head.

Lokty měl opřené o kolena, ruce sepjaté nad hlavou.

Like a dog he used his hairy arms to shed off the falling rain.

Jako pes používal své chlupaté paže, aby se zbavil padajícího deště.

Beyond the firelight, Buck saw twin coals glowing in the dark.

Za světlem ohně Buck uviděl ve tmě dva žhnoucí uhlíky.

Always two by two, they were the eyes of stalking beasts of prey.

Vždy dva po dvou, byly to oči číhajících dravých zvířat.

He heard bodies crash through brush and sounds made in the night.

Slyšel těla padající křovím a zvuky vydávané v noci.

Lying on the Yukon bank, blinking, Buck dreamed by the fire.

Buck ležel na břehu Yukonu a mrkal u ohně a snil.

The sights and sounds of that wild world made his hair stand up.

Z pohledu a zvuků toho divokého světa se mu ježily vlasy.

The fur rose along his back, his shoulders, and up his neck.

Srst se mu zježila po zádech, ramenou a krku.

He whimpered softly or gave a low growl deep in his chest.

Tiše kňučel nebo hluboko v hrudi tiše zavrčel.

Then the half-breed cook shouted, "Hey, you Buck, wake up!"

Pak míšenec kuchař vykřikl: „Hej, ty Bucku, vstávej!"

The dream world vanished, and real life returned to Buck's eyes.

Svět snů zmizel a Buckovi se do očí vrátil skutečný život.

He was going to get up, stretch, and yawn, as if woken from a nap.

Chystal se vstát, protáhnout se a zívnout, jako by se probudil ze zdřímnutí.

The trip was hard, with the mail sled dragging behind them.

Cesta byla namáhavá, poštovní saně se vlekly za nimi.

Heavy loads and tough work wore down the dogs each long day.

Těžké náklady a namáhavá práce psy každý dlouhý den vyčerpávaly.

They reached Dawson thin, tired, and needing over a week's rest.

Do Dawsonu dorazili vyhublí, unavení a potřebovali si odpočinout přes týden.

But only two days later, they set out down the Yukon again.

Ale pouhé dva dny později se znovu vydali dolů po Yukonu.

They were loaded with more letters bound for the outside world.

Byli naloženi dalšími dopisy směřujícími do vnějšího světa.

The dogs were exhausted and the men were complaining constantly.

Psi byli vyčerpaní a muži si neustále stěžovali.

Snow fell every day, softening the trail and slowing the sleds.

Sníh padal každý den, změkčoval stezku a zpomaloval saně.

This made for harder pulling and more drag on the runners.

To vedlo k tvrdšímu tahání a většímu odporu běžců.
Despite that, the drivers were fair and cared for their teams.
Navzdory tomu byli jezdci féroví a starali se o své týmy.
Each night, the dogs were fed before the men got to eat.
Každý večer byli psi nakrmeni, než se k jídlu dostali muži.
No man slept before checking the feet of his own dog's.
Žádný člověk nespal, než zkontroloval tlapky svého vlastního psa.
Still, the dogs grew weaker as the miles wore on their bodies.
Psi však s ubývajícími kilometry slábli.
They had traveled eighteen hundred miles through the winter.
Během zimy urazili osmnáct set mil.
They pulled sleds across every mile of that brutal distance.
Táhli saně přes každou míli té nelítostné vzdálenosti.
Even the toughest sled dogs feel strain after so many miles.
I ti nejtvrdší saňoví psi cítí po tolika kilometrech zátěž.
Buck held on, kept his team working, and maintained discipline.
Buck se držel, udržoval svůj tým v chodu a udržoval disciplínu.
But Buck was tired, just like the others on the long journey.
Ale Buck byl unavený, stejně jako ostatní na dlouhé cestě.
Billee whimpered and cried in his sleep each night without fail.
Billee každou noc bez výjimky kňučel a plakal ve spánku.
Joe grew even more bitter, and Solleks stayed cold and distant.
Joe se ještě více zahořkl a Solleks zůstal chladný a odtažitý.
But it was Dave who suffered the worst out of the entire team.
Ale byl to Dave, kdo z celého týmu trpěl nejhůře.
Something had gone wrong inside him, though no one knew what.
Něco se v něm dělo špatně, i když nikdo nevěděl co.

He became moodier and snapped at others with growing anger.

Stával se mrzutějším a s rostoucím hněvem na ostatní napadal.

Each night he went straight to his nest, waiting to be fed.

Každou noc šel rovnou do svého hnízda a čekal na krmení.

Once he was down, Dave did not get up again till morning.

Jakmile byl Dave dole, nevstal až do rána.

On the reins, sudden jerks or starts made him cry out in pain.

Náhlé trhnutí nebo trhnutí otěží ho donutilo vykřiknout bolestí.

His driver searched for the cause, but found no injury on him.

Jeho řidič pátral po příčině, ale nenašel u něj žádné zranění.

All the drivers began watching Dave and discussed his case.

Všichni řidiči začali Davea pozorovat a probírali jeho případ.

They talked at meals and during their final smoke of the day.

Povídali si u jídla a během poslední cigarety dne.

One night they held a meeting and brought Dave to the fire.

Jednou v noci uspořádali schůzi a přivedli Davea k ohni.

They pressed and probed his body, and he cried out often.

Tlačili a zkoumali jeho tělo a on často křičel.

Clearly, something was wrong, though no bones seemed broken.

Bylo jasné, že něco není v pořádku, i když se zdálo, že žádná kost není zlomená.

By the time they reached Cassiar Bar, Dave was falling down.

Než dorazili k Cassiar Baru, Dave už padal.

The Scotch half-breed called a halt and removed Dave from the team.

Skotský míšenec zastavil tým a vyloučil Davea z týmu.

He fastened Solleks in Dave's place, closest to the sled's front.

Upevnil Solleky na Daveovo místo, nejblíže k přední části saní.

He meant to let Dave rest and run free behind the moving sled.

Chtěl nechat Davea odpočinout si a volně běhat za jedoucími saněmi.

But even sick, Dave hated being taken from the job he had owned.

Ale i když byl nemocný, Dave nenáviděl, když ho vzali z práce, kterou dříve vykonával.

He growled and whimpered as the reins were pulled from his body.

Zavrčel a zakňučel, když mu někdo sundal otěže z těla.

When he saw Solleks in his place, he cried with broken-hearted pain.

Když uviděl Solleksa na svém místě, rozplakal se zlomenou bolestí.

The pride of trail work was deep in Dave, even as death approached.

Hrdost na práci na stezkách v Daveovi hluboce přetrvávala, i když se blížila smrt.

As the sled moved, Dave floundered through soft snow near the trail.

Jak se sáně pohybovaly, Dave se bouchal v měkkém sněhu poblíž stezky.

He attacked Solleks, biting and pushing him from the sled's side.

Zaútočil na Solleksa, kousl ho a strčil ho ze strany saní.

Dave tried to leap into the harness and reclaim his working spot.

Dave se pokusil naskočit do postroje a znovu zaujmout své pracovní místo.

He yelped, whined, and cried, torn between pain and pride in labor.

Kňučel, naříkal a plakal, rozpolcen mezi bolestí a hrdostí na práci.

The half-breed used his whip to try driving Dave away from the team.

Míšenec se bičem pokusil Davea od týmu odehnat.

But Dave ignored the lash, and the man couldn't strike him harder.

Dave si ale ránu bičem nevšímal a muž ho nemohl udeřit silněji.

Dave refused the easier path behind the sled, where snow was packed.

Dave odmítl jednodušší cestu za saněmi, kde byl udusaný sníh.

Instead, he struggled in the deep snow beside the trail, in misery.

Místo toho se v hlubokém sněhu vedle stezky trápil.

Eventually, Dave collapsed, lying in the snow and howling in pain.

Nakonec se Dave zhroutil, ležel ve sněhu a vyl bolestí.

He cried out as the long train of sleds passed him one by one.

Vykřikl, když ho dlouhý zástup saní jeden po druhém míjel.

Still, with what strength remained, he rose and stumbled after them.

Přesto se zbývajícími silami vstal a klopýtal za nimi.

He caught up when the train stopped again and found his old sled.

Dohonil vlak, když znovu zastavil, a našel své staré sáně.

He floundered past the other teams and stood beside Solleks again.

Proklouzl kolem ostatních týmů a znovu se postavil vedle Sollekse.

As the driver paused to light his pipe, Dave took his last chance.

Když se řidič zastavil, aby si zapálil dýmku, Dave využil poslední šance.

When the driver returned and shouted, the team didn't move forward.

Když se řidič vrátil a zakřičel, tým se nepohnul vpřed.

The dogs had turned their heads, confused by the sudden stoppage.

Psi otočili hlavy, zmateni náhlým zastavením.

The driver was shocked too—the sled hadn't moved an inch forward.

Řidič byl také v šoku – sáně se nepohnuly ani o píď dopředu.

He called out to the others to come and see what had happened.

Zavolal na ostatní, aby se přišli podívat, co se stalo.

Dave had chewed through Solleks's reins, breaking both apart.

Dave překousl Solleksovy otěže a obě mu zlomil.

Now he stood in front of the sled, back in his rightful position.

Teď stál před saněmi, zpět na svém správném místě.

Dave looked up at the driver, silently pleading to stay in the traces.

Dave vzhlédl k řidiči a tiše ho prosil, aby zůstal v kolejích.

The driver was puzzled, unsure of what to do for the struggling dog.

Řidič byl zmatený a nevěděl, co má s trápícím se psem dělat.

The other men spoke of dogs who had died from being taken out.

Ostatní muži mluvili o psech, kteří uhynuli poté, co je někdo vyvedl ven.

They told of old or injured dogs whose hearts broke when left behind.

Vyprávěli o starých nebo zraněných psech, kterým se zlomilo srdce, když byli opuštěni.

They agreed it was mercy to let Dave die while still in his harness.

Shodli se, že je milosrdenstvím nechat Davea zemřít ještě v postroji.

He was fastened back onto the sled, and Dave pulled with pride.

Byl přivázaný zpět k saním a Dave s hrdostí táhl.

Though he cried out at times, he worked as if pain could be ignored.

I když občas křičel, pracoval, jako by bolest mohl ignorovat.

More than once he fell and was dragged before rising again.

Víckrát upadl a byl tažen, než se znovu postavil.

Once, the sled rolled over him, and he limped from that moment on.

Jednou se přes něj sáně převrátily a od té chvíle kulhal.

Still, he worked until camp was reached, and then lay by the fire.

Přesto pracoval, dokud nedorazil do tábora, a pak si lehl k ohni.

By morning, Dave was too weak to travel or even stand upright.

Ráno byl Dave příliš slabý na to, aby cestoval nebo se dokonce postavil na nohy.

At harness-up time, he tried to reach his driver with trembling effort.

Když byl čas napnout postroj, s třesoucí se námahou se snažil dosáhnout svého řidiče.

He forced himself up, staggered, and collapsed onto the snowy ground.

Přinutil se vstát, zapotácel se a zhroutil se na zasněženou zem.

Using his front legs, he dragged his body toward the harnessing area.

Předníma nohama táhl své tělo k místu, kde se mohly uchytit postroje.

He hitched himself forward, inch by inch, toward the working dogs.

Krok za krokem se sunul vpřed k pracujícím psům.

His strength gave out, but he kept moving in his last desperate push.

Síly ho opouštěly, ale v posledním zoufalém úderu se dál nevzdával.

His teammates saw him gasping in the snow, still longing to join them.

Jeho spoluhráči ho viděli, jak ve sněhu lape po dechu a stále toužil se k nim přidat.

They heard him howling with sorrow as they left the camp behind.

Slyšeli ho, jak zármutkem vyje, když opouštěli tábor.

As the team vanished into trees, Dave's cry echoed behind them.

Když tým zmizel v lese, Daveův výkřik se rozléhal za nimi.

The sled train halted briefly after crossing a stretch of river timber.

Sáňový vláček se krátce zastavil po překročení úseku říčního lesa.

The Scotch half-breed walked slowly back toward the camp behind.

Skotský míšenec se pomalu vracel k táboru za nimi.

The men stopped speaking when they saw him leave the sled train.

Muži přestali mluvit, když ho viděli vystupovat ze saňového vlaku.

Then a single gunshot rang out clear and sharp across the trail.

Pak se přes stezku jasně a ostře ozval jediný výstřel.

The man returned quickly and took up his place without a word.

Muž se rychle vrátil a beze slova zaujal své místo.

Whips cracked, bells jingled, and the sleds rolled on through snow.

Biče praskaly, zvonky cinkaly a saně se kutálely sněhem.

But Buck knew what had happened—and so did every other dog.

Ale Buck věděl, co se stalo – a stejně tak všichni ostatní psi.

The Toil of Reins and Trail
Dříč otěží a stezky

Thirty days after leaving Dawson, the Salt Water Mail reached Skaguay.

Třicet dní po odplutí z Dawsonu dorazila Salt Water Mail do Skaguay.

Buck and his teammates pulled the lead, arriving in pitiful condition.

Buck a jeho spoluhráči se ujali vedení a dorazili v žalostném stavu.

Buck had dropped from one hundred forty to one hundred fifteen pounds.

Buck zhubl ze sto čtyřiceti na sto patnáct liber.

The other dogs, though smaller, had lost even more body weight.

Ostatní psi, ačkoli menší, ztratili ještě více tělesné hmotnosti.

Pike, once a fake limper, now dragged a truly injured leg behind him.

Pike, kdysi falešný kulhající muž, teď za sebou vláčel skutečně zraněnou nohu.

Solleks was limping badly, and Dub had a wrenched shoulder blade.

Solleks silně kulhal a Dub měl vykloubenou lopatku.

Every dog in the team was footsore from weeks on the frozen trail.

Každý pes v týmu měl po týdnech na zmrzlé stezce bolavé nohy.

They had no spring left in their steps, only slow, dragging motion.

V jejich krocích už nebyla žádná pružnost, jen pomalý, vlečný pohyb.

Their feet hit the trail hard, each step adding more strain to their bodies.

Jejich nohy tvrdě dopadaly na stezku a každý krok jim přidával další námahu.

They were not sick, only drained beyond all natural recovery.

Nebyli nemocní, jen vyčerpaní nad veškeré přirozené uzdravení.

This was not tiredness from one hard day, cured with a night's rest.

Tohle nebyla únava z jednoho náročného dne, vyléčená nočním odpočinkem.

It was exhaustion built slowly through months of grueling effort.

Byla to vyčerpanost, která se pomalu nahromadila měsíci vyčerpávající námahy.

No reserve strength remained—they had used up every bit they had.

Nezbyly jim žádné rezervní síly – vyčerpali už všechno, co měli.

Every muscle, fiber, and cell in their bodies was spent and worn.

Každý sval, vlákno a buňka v jejich tělech byly vyčerpané a opotřebované.

And there was a reason—they had covered twenty-five hundred miles.

A měl k tomu důvod – ujeli dvacet pět set mil.

They had rested only five days during the last eighteen hundred miles.

Během posledních osmnácti set mil odpočívali jen pět dní.

When they reached Skaguay, they looked barely able to stand upright.

Když dorazili do Skaguay, vypadali, že se sotva udrží na nohou.

They struggled to keep the reins tight and stay ahead of the sled.

S obtížemi udrželi otěže pevně napjaté a udrželi se před saněmi.

On downhill slopes, they only managed to avoid being run over.

Na svazích z kopce se jim podařilo vyhnout se jen přejetí.

"March on, poor sore feet," the driver said as they limped along.

„Jen pojďte dál, ubohé bolavé nohy," řekl řidič, když kulhali dál.

"This is the last stretch, then we all get one long rest, for sure."

„Tohle je poslední úsek a pak si všichni určitě dáme jeden dlouhý odpočinek."

"One truly long rest," he promised, watching them stagger forward.

„Jeden opravdu dlouhý odpočinek," slíbil a sledoval, jak se potácejí vpřed.

The drivers expected they were going to now get a long, needed break.

Řidiči očekávali, že si teď dají dlouhou a potřebnou přestávku.

They had traveled twelve hundred miles with only two days' rest.

Urazili dvanáct set mil a měli jen dva dny odpočinku.

By fairness and reason, they felt they had earned time to relax.

Spravedlně a rozumně měli pocit, že si zasloužili čas na odpočinek.

But too many had come to the Klondike, and too few had stayed home.

Ale na Klondike jich přišlo příliš mnoho a příliš málo jich zůstalo doma.

Letters from families flooded in, creating piles of delayed mail.

Dopisy od rodin se hromadily a vytvářely hromady zpožděné pošty.

Official orders arrived—new Hudson Bay dogs were going to take over.

Dorazily oficiální rozkazy – noví psi z Hudsonova zálivu se měli ujmout moci.

The exhausted dogs, now called worthless, were to be disposed of.

Vyčerpaní psi, nyní označovaní za bezcenné, měli být
zlikvidováni.

**Since money mattered more than dogs, they were going to
be sold cheaply.**

Protože peníze byly důležitější než psi, měli se prodávat levně.

**Three more days passed before the dogs felt just how weak
they were.**

Uplynuly další tři dny, než psi pocítili, jak jsou slabí.

**On the fourth morning, two men from the States bought the
whole team.**

Čtvrtého rána koupili dva muži ze Států celý tým.

The sale included all the dogs, plus their worn harness gear.

Prodej zahrnoval všechny psy a jejich obnošené postroje.

**The men called each other "Hal" and "Charles" as they
completed the deal.**

Muži si při uzavírání obchodu oslovovali „Hale" a „Charles".

**Charles was middle-aged, palc, with limp lips and fierce
mustache tips.**

Karel byl středního věku, bledý, s ochablými rty a ostrými
špičkami kníru.

**Hal was a young man, maybe nineteen, wearing a cartridge-
stuffed belt.**

Hal byl mladý muž, možná devatenáctiletý, s opaskem plným
nábojů.

**The belt held a big revolver and a hunting knife, both
unused.**

Na opasku byl velký revolver a lovecký nůž, obojí nepoužité.

**It showed how inexperienced and unfit he was for northern
life.**

Ukazovalo to, jak nezkušený a nezpůsobilý byl pro život na
severu.

**Neither man belonged in the wild; their presence defied all
reason.**

Ani jeden z nich nepatřil do divočiny; jejich přítomnost se
vzpírala veškerému rozumu.

**Buck watched as money exchanged hands between buyer
and agent.**

Buck sledoval, jak si kupující a agent vyměňují peníze.

He knew the mail-train drivers were leaving his life like the rest.

Věděl, že strojvedoucí poštovních vlaků opouštějí jeho život stejně jako všichni ostatní.

They followed Perrault and François, now gone beyond recall.

Sledovali Perraulta a Françoise, kteří už nebyli k nezapamatování.

Buck and the team were led to their new owners' sloppy camp.

Buck a tým byli odvedeni do nedbale zanedbaného tábora jejich nových majitelů.

The tent sagged, dishes were dirty, and everything lay in disarray.

Stan se prohýbal, nádobí bylo špinavé a všechno leželo v nepořádku.

Buck noticed a woman there too—Mercedes, Charles's wife and Hal's sister.

Buck si tam také všiml ženy – Mercedes, Charlesovy manželky a Halovy sestry.

They made a complete family, though far from suited to the trail.

Tvořili kompletní rodinu, i když zdaleka nebyli vhodní na stezku.

Buck watched nervously as the trio started packing the supplies.

Buck nervózně sledoval, jak trojice začíná balit zásoby.

They worked hard but without order—just fuss and wasted effort.

Pracovali tvrdě, ale bez řádu – jen povyk a zbytečné úsilí.

The tent was rolled into a bulky shape, far too large for the sled.

Stan byl srolovaný do objemného tvaru, příliš velký pro saně.

Dirty dishes were packed without being cleaned or dried at all.

Špinavé nádobí bylo zabalené, aniž by bylo umyté nebo osušené.

Mercedes fluttered about, constantly talking, correcting, and meddling.

Mercedes pobíhala sem a tam, neustále mluvila, opravovala a vměšovala se do dění.

When a sack was placed on front, she insisted it go on the back.

Když byl pytel položen dopředu, trvala na tom, aby šel dozadu.

She packed the sack in the bottom, and the next moment she needed it.

Sbalila pytel na dno a v příštím okamžiku ho potřebovala.

So the sled was unpacked again to reach the one specific bag.

Takže sáně byly znovu vybaleny, aby se dostaly k té jedné konkrétní tašce.

Nearby, three men stood outside a tent, watching the scene unfold.

Nedaleko stáli tři muži před stanem a sledovali, co se děje.

They smiled, winked, and grinned at the newcomers' obvious confusion.

Usmívali se, mrkali a šklebili se nad zjevným zmatkem nově příchozích.

"You've got a right heavy load already," said one of the men.

„Už teď máš pořádný náklad," řekl jeden z mužů.

"I don't think you should carry that tent, but it's your choice."

„Myslím, že bys ten stan neměl/a nosit, ale je to tvoje volba."

"Undreamed of!" cried Mercedes, throwing up her hands in despair.

„Nevídané!" zvolala Mercedes a zoufale rozhodila rukama.

"How could I possibly travel without a tent to stay under?"

„Jak bych mohl cestovat bez stanu, pod kterým bych mohl zůstat?"

"It's springtime—you won't see cold weather again," the man replied.

„Je jaro – už tu neuvidíte chladné počasí," odpověděl muž.

But she shook her head, and they kept piling items onto the sled.

Ale zavrtěla hlavou a oni dál hromadili věci na saně.

The load towered dangerously high as they added the final things.

Náklad se nebezpečně tyčil vysoko, když přidávali poslední věci.

"Think the sled will ride?" asked one of the men with a skeptical look.

„Myslíš, že sáně pojedou?" zeptal se jeden z mužů se skeptickým pohledem.

"Why shouldn't it?" Charles snapped back with sharp annoyance.

„Proč by ne?" odsekl Charles s ostrou podrážděností.

"Oh, that's all right," the man said quickly, backing away from offense.

„Ale to je v pořádku," řekl muž rychle a couvl, aby se vyhnul urážce.

"I was only wondering—it just looked a bit too top-heavy to me."

„Jen jsem se divil – připadalo mi to trochu moc těžké nahoře."

Charles turned away and tied down the load as best as he could.

Karel se odvrátil a uvázal náklad, jak nejlépe uměl.

But the lashings were loose and the packing poorly done overall.

Ale úvazy byly volné a celkově špatně zabalené.

"Sure, the dogs will pull that all day," another man said sarcastically.

„Jasně, psi to budou tahat celý den," řekl sarkasticky další muž.

"Of course," Hal replied coldly, grabbing the sled's long gee-pole.

„Samozřejmě," odpověděl Hal chladně a chytil se dlouhé tyče saní.

With one hand on the pole, he swung the whip in the other.

S jednou rukou na tyči se držel biče v druhé.

"Let's go!" he shouted. "Move it!" urging the dogs to start.

„Jdeme!" křičel. „Hněte se!" pobízel psy, aby se rozjeli.

The dogs leaned into the harness and strained for a few moments.

Psi se opřeli do postroje a chvíli se napínali.

Then they stopped, unable to budge the overloaded sled an inch.

Pak se zastavili, neschopní pohnout s přetíženými saněmi ani o píď.

"The lazy brutes!" Hal yelled, lifting the whip to strike them.

„Líní bestie!" zařval Hal a zvedl bič, aby je udeřil.

But Mercedes rushed in and seized the whip from Hal's hands.

Ale Mercedes vběhla dovnitř a vytrhla Halovi bič z rukou.

"Oh, Hal, don't you dare hurt them," she cried in alarm.

„Ach, Hale, neopovažuj se jim ublížit!" zvolala vyděšeně.

"Promise me you'll be kind to them, or I won't go another step."

„Slib mi, že k nim budeš laskavý, nebo neudělám ani krok."

"You don't know a thing about dogs," Hal snapped at his sister.

„O psech nevíš vůbec nic," odsekl Hal na sestru.

"They're lazy, and the only way to move them is to whip them."

„Jsou líní a jediný způsob, jak je pohnout, je zbičovat je."

"Ask anyone—ask one of those men over there if you doubt me."

„Zeptejte se kohokoli – zeptejte se jednoho z těch mužů támhle, pokud o mně pochybujete."

Mercedes looked at the onlookers with pleading, tearful eyes.

Mercedes se na přihlížející dívala prosebnýma, uplakanýma očima.

Her face showed how deeply she hated the sight of any pain.

Její tvář prozrazovala, jak hluboce nenáviděla pohled na jakoukoli bolest.

"They're weak, that's all," one man said. "They're worn out."

„Jsou slabí, to je vše," řekl jeden muž. „Jsou vyčerpaní."

"They need rest—they've been worked too long without a break."

„Potřebují odpočinek – byli příliš dlouho unavení bez přestávky."

"Rest be cursed," Hal muttered with his lip curled.

„Zbytek ať je prokletý," zamumlal Hal se zkřiveným rtem.

Mercedes gasped, clearly pained by the coarse word from him.

Mercedes zalapala po dechu, zjevně ji jeho hrubé slovo bolelo.

Still, she stayed loyal and instantly defended her brother.

Přesto zůstala věrná a okamžitě se postavila na obranu svého bratra.

"Don't mind that man," she said to Hal. "They're our dogs."

„Nevšímej si toho chlapa," řekla Halovi. „Jsou to naši psi."

"You drive them as you see fit—do what you think is right."

„Řídíš je, jak uznáš za vhodné – dělej, co považuješ za správné."

Hal raised the whip and struck the dogs again without mercy.

Hal zvedl bič a znovu bez milosti udeřil psy.

They lunged forward, bodies low, feet pushing into the snow.

Vrhli se vpřed, těla nízko, nohy zabořené do sněhu.

All their strength went into the pull, but the sled wasn't moving.

Všechna jejich síla šla do tahu, ale sáně se nehýbaly.

The sled stayed stuck, like an anchor frozen into the packed snow.

Sáně zůstaly zaseknuté jako kotva zamrzlá v udusaném sněhu.

After a second effort, the dogs stopped again, panting hard.

Po druhém pokusu se psi znovu zastavili a těžce lapali po dechu.

Hal raised the whip once more, just as Mercedes interfered again.

Hal znovu zvedl bič, právě když Mercedes znovu zasáhla.

She dropped to her knees in front of Buck and hugged his neck.

Klesla na kolena před Bucka a objala ho kolem krku.

Tears filled her eyes as she pleaded with the exhausted dog.

Slzy se jí zalily do očí, když prosila vyčerpaného psa.

"You poor dears," she said, "why don't you just pull harder?"

„Vy chudáci," řekla, „proč prostě nezatáhnete silněji?"

"If you pull, then you won't get to be whipped like this."

„Když budeš tahat, tak tě takhle zbičovat nebudou."

Buck disliked Mercedes, but he was too tired to resist her now.

Buck neměl Mercedes rád, ale teď byl příliš unavený, aby jí odolal.

He accepted her tears as just another part of the miserable day.

Přijal její slzy jen jako další součást ubohého dne.

One of the watching men finally spoke after holding back his anger.

Jeden z přihlížejících mužů konečně promluvil, poté co potlačil hněv.

"I don't care what happens to you folks, but those dogs matter."

„Je mi jedno, co se s vámi stane, ale na těch psech záleží."

"If you want to help, break that sled loose—it's frozen to the snow."

„Jestli chceš pomoct, uvolni ty sáně – jsou zmrzlé ke sněhu."

"Push hard on the gee-pole, right and left, and break the ice seal."

„Zatlačte silně na výstužnou tyč, doprava i doleva, a prolomte ledovou pečeť."

A third attempt was made, this time following the man's suggestion.

Byl proveden třetí pokus, tentokrát na mužův návrh.

Hal rocked the sled from side to side, breaking the runners loose.

Hal houpal saněmi ze strany na stranu a uvolňoval je.

The sled, though overloaded and awkward, finally lurched forward.

Sáně, ačkoli přetížené a neohrabané, se konečně s trhnutím vymrštily vpřed.

Buck and the others pulled wildly, driven by a storm of whiplashes.

Buck a ostatní divoce táhli, poháněni záplavou ran bičem.

A hundred yards ahead, the trail curved and sloped into the street.

Sto metrů před nimi se stezka stáčela a svažovala do ulice.

It was going to have taken a skilled driver to keep the sled upright.

Bude potřeba zkušeného řidiče, aby sáně udržel ve vzpřímené poloze.

Hal was not skilled, and the sled tipped as it swung around the bend.

Hal nebyl zručný a sáně se při prudkém otáčení v zatáčce převrátily.

Loose lashings gave way, and half the load spilled onto the snow.

Uvolněné popruhy povolily a polovina nákladu se vysypala na sníh.

The dogs did not stop; the lighter sled flew along on its side.

Psi se nezastavili; lehčí sáně letěly na boku.

Angry from abuse and the heavy burden, the dogs ran faster.

Rozzlobeni týráním a těžkým břemenem běželi psi rychleji.

Buck, in fury, broke into a run, with the team following behind.

Buck se v rozzuření rozběhl a tým ho následoval.

Hal shouted "Whoa! Whoa!" but the team paid no attention to him.

Hal křičel „No páni! No páni!", ale tým si ho nevšímal.

He tripped, fell, and was dragged along the ground by the harness.

Zakopl, upadl a postroj ho táhl po zemi.

The overturned sled bumped over him as the dogs raced on ahead.

Převrácené sáně ho převalily, zatímco psi spěchali vpřed.

The rest of the supplies scattered across Skaguay's busy street.

Zbytek zásob se rozprchl po rušné ulici ve Skaguayi.

Kind-hearted people rushed to stop the dogs and gather the gear.

Dobrosrdeční lidé se vrhli zastavit psy a shromažďovat vybavení.

They also gave advice, blunt and practical, to the new travelers.

Také novým cestovatelům dávali rady, přímočaré a praktické.

"If you want to reach Dawson, take half the load and double the dogs."

„Jestli se chceš dostat do Dawsonu, vezmi si polovinu nákladu a dvojnásobný počet psů."

Hal, Charles, and Mercedes listened, though not with enthusiasm.

Hal, Charles a Mercedes naslouchali, i když ne s nadšením.

They pitched their tent and started sorting through their supplies.

Postavili si stan a začali třídit své zásoby.

Out came canned goods, which made onlookers laugh aloud.

Vyšly konzervy, které přihlížející rozesmály nahlas.

"Canned stuff on the trail? You'll starve before that melts," one said.

„Konzervy na stezce? Než se rozpustí, tak umřeš hlady," řekl jeden.

"Hotel blankets? You're better off throwing them all out."

„Hotelové deky? Raději je všechny vyhoďte."

"Ditch the tent, too, and no one washes dishes here."

„Když tu taky vyhodíš stan, nikdo tu nemyje nádobí."

"You think you're riding a Pullman train with servants on board?"

„Myslíš si, že jedeš pullmanovským vlakem se služebnictvem na palubě?"

The process began—every useless item was tossed to the side.

Proces začal – každá nepotřebná věc byla odhozena stranou.

Mercedes cried when her bags were emptied onto the snowy ground.

Mercedes plakala, když jí vysypali zavazadla na zasněženou zem.

She sobbed over every item thrown out, one by one without pause.

Vzlykala nad každou vyhozenou věcí, jednu po druhé bez přestávky.

She vowed not to go one more step—not even for ten Charleses.

Přísahala, že neudělá ani krok – ani za deset Charlesů.

She begged each person nearby to let her keep her precious things.

Prosila každého, kdo byl poblíž, aby jí dovolil si ponechat její cenné věci.

At last, she wiped her eyes and began tossing even vital clothes.

Nakonec si otřela oči a začala shazovat i to nejdůležitější oblečení.

When done with her own, she began emptying the men's supplies.

Když skončila se svými, začala vyprazdňovat zásoby mužů.

Like a whirlwind, she tore through Charles and Hal's belongings.

Jako vichřice se prohnala věcmi Charlese a Hala.

Though the load was halved, it was still far heavier than needed.

I když se náklad snížil na polovinu, stále byl mnohem těžší, než bylo potřeba.

That night, Charles and Hal went out and bought six new dogs.

Té noci si Charles a Hal koupili šest nových psů.

These new dogs joined the original six, plus Teek and Koona.

Tito noví psi se připojili k původní šesti, plus Teek a Koona.

Together they made a team of fourteen dogs hitched to the sled.

Společně tvořili spřežení čtrnácti psů zapřažených do saní.

But the new dogs were unfit and poorly trained for sled work.

Ale noví psi byli nezpůsobilí a špatně vycvičení pro práci se saněmi.

Three of the dogs were short-haired pointers, and one was a Newfoundland.

Tři psi byli krátkosrstí ohaři a jeden byl novofundlanďan.

The final two dogs were mutts of no clear breed or purpose at all.

Poslední dva psi byli mutanti bez jasné rasy ani účelu.

They didn't understand the trail, and they didn't learn it quickly.

Nerozuměli té stezce a nenaučili se ji rychle.

Buck and his mates watched them with scorn and deep irritation.

Buck a jeho kamarádi je pozorovali s opovržením a hlubokým podrážděním.

Though Buck taught them what not to do, he could not teach duty.

Ačkoli je Buck naučil, co se nemá dělat, nemohl je naučit povinnosti.

They didn't take well to trail life or the pull of reins and sleds.

Nesnášeli dobře jízdu na vlečce ani tah otěží a saní.

Only the mongrels tried to adapt, and even they lacked fighting spirit.

Pouze kříženci se snažili přizpůsobit, a i těm chyběla bojovnost.

The other dogs were confused, weakened, and broken by their new life.

Ostatní psi byli svým novým životem zmatení, oslabení a zlomení.

With the new dogs clueless and the old ones exhausted, hope was thin.

S novými psy bezradnými a starými vyčerpanými byla naděje mizivá.

Buck's team had covered twenty-five hundred miles of harsh trail.

Buckův tým urazil dvacet pět set mil náročné stezky.

Still, the two men were cheerful and proud of their large dog team.

Přesto byli oba muži veselí a hrdí na svůj velký psí tým.

They thought they were traveling in style, with fourteen dogs hitched.

Mysleli si, že cestují stylově, se čtrnácti zavázanými psy.

They had seen sleds leave for Dawson, and others arrive from it.

Viděli saně odjíždět do Dawsonu a další odtud přijíždět.

But never had they seen one pulled by as many as fourteen dogs.

Ale nikdy neviděli takový, tažený až čtrnácti psy.

There was a reason such teams were rare in the Arctic wilderness.

Existoval důvod, proč byly takové týmy v arktické divočině vzácné.

No sled could carry enough food to feed fourteen dogs for the trip.

Žádné saně by neuvezly dostatek jídla pro čtrnáct psů na celou cestu.

But Charles and Hal didn't know that—they had done the math.

Ale Charles a Hal to nevěděli – spočítali si to sami.

They penciled out the food: so much per dog, so many days, done.

Naplánovali si jídlo: tolik na psa, tolik dní, hotovo.

Mercedes looked at their figures and nodded as if it made sense.
Mercedes se podívala na jejich čísla a přikývla, jako by to dávalo smysl.
It all seemed very simple to her, at least on paper.
Všechno se jí zdálo velmi jednoduché, alespoň na papíře.

The next morning, Buck led the team slowly up the snowy street.
Následujícího rána Buck vedl spřežení pomalu po zasněžené ulici.
There was no energy or spirit in him or the dogs behind him.
Nebyla v něm ani v psech za ním žádná energie ani duch.
They were dead tired from the start — there was no reserve left.
Od začátku byli k smrti unavení – nezbývala jim žádná rezerva.
Buck had made four trips between Salt Water and Dawson already.
Buck už podnikl čtyři cesty mezi Salt Water a Dawson.
Now, faced with the same trail again, he felt nothing but bitterness.
Teď, když znovu stál tváří v tvář téže stezce, necítil nic než hořkost.
His heart was not in it, nor were the hearts of the other dogs.
Nebylo v tom jeho srdce, stejně jako srdce ostatních psů.
The new dogs were timid, and the huskies lacked all trust.
Noví psi byli bázliví a huskyům chyběla veškerá důvěra.
Buck sensed he could not rely on these two men or their sister.
Buck cítil, že se na tyto dva muže ani na jejich sestru nemůže spolehnout.
They knew nothing and showed no signs of learning on the trail.
Nic nevěděli a na stezce nejevili žádné známky toho, že by se něco učili.

They were disorganized and lacked any sense of discipline.
Byli neorganizovaní a postrádali jakýkoli smysl pro disciplínu.
It took them half the night to set up a sloppy camp each time.
Pokaždé jim trvalo půl noci, než si postavili nedbalý tábor.
And half the next morning they spent fumbling with the sled again.
A půlku dalšího rána strávili opět zápasením se saněmi.
By noon, they often stopped just to fix the uneven load.
Do poledne se často zastavovali jen proto, aby opravili nerovnoměrný náklad.
On some days, they traveled less than ten miles in total.
V některé dny urazili celkem méně než deset mil.
Other days, they didn't manage to leave camp at all.
Jiné dny se jim vůbec nepodařilo opustit tábor.
They never came close to covering the planned food-distance.
Nikdy se ani zdaleka nepřiblížili plánované vzdálenosti pro udržení potravy.
As expected, they ran short on food for the dogs very quickly.
Jak se dalo očekávat, jídlo pro psy jim došlo velmi rychle.
They made matters worse by overfeeding in the early days.
V prvních dnech situaci ještě zhoršili tím, že je překrmovali.
This brought starvation closer with every careless ration.
To s každým nedbale vyčerpaným přídělem přibližovalo hlad.
The new dogs had not learned to survive on very little.
Noví psi se nenaučili přežít s málem.
They ate hungrily, with appetites too large for the trail.
Jedli hladově, s chutí k jídlu příliš velkou na to, aby zvládli stezku.
Seeing the dogs weaken, Hal believed the food wasn't enough.
Když Hal viděl, jak psi slábnou, uvěřil, že jídlo nestačí.
He doubled the rations, making the mistake even worse.
Zdvojnásobil dávky, čímž chybu ještě zhoršil.
Mercedes added to the problem with tears and soft pleading.

Mercedes k problému přidala slzy a tiché prosby.

When she couldn't convince Hal, she fed the dogs in secret.

Když nedokázala Hala přesvědčit, tajně nakrmila psy.

She stole from the fish sacks and gave it to them behind his back.

Ukradla z pytlů s rybami a dala jim je za jeho zády.

But what the dogs truly needed wasn't more food — it was rest.

Ale psi doopravdy nepotřebovali více jídla – byl to odpočinek.

They were making poor time, but the heavy sled still dragged on.

Jeli špatným časem, ale těžké saně se stále vlekly.

That weight alone drained their remaining strength each day.

Už jen ta tíha jim každý den vysávala zbývající síly.

Then came the stage of underfeeding as the supplies ran low.

Pak přišla fáze podvýživy, protože zásoby docházely.

Hal realized one morning that half the dog food was already gone.

Hal si jednoho rána uvědomil, že polovina psího krmiva už je pryč.

They had only traveled a quarter of the total trail distance.

Ušli jen čtvrtinu celkové vzdálenosti stezky.

No more food could be bought, no matter what price was offered.

Už se nedalo koupit žádné další jídlo, bez ohledu na to, jaká byla nabídnuta cena.

He reduced the dogs' portions below the standard daily ration.

Snížil porce psů pod standardní denní dávku.

At the same time, he demanded longer travel to make up for loss.

Zároveň požadoval delší cestování, aby ztrátu vynahradil.

Mercedes and Charles supported this plan, but failed in execution.

Mercedes a Charles tento plán podpořili, ale neuskutečnili ho.

Their heavy sled and lack of skill made progress nearly impossible.
Jejich těžké sáně a nedostatek dovedností téměř znemožňovaly postup.
It was easy to give less food, but impossible to force more effort.
Bylo snadné dávat méně jídla, ale nemožné vynutit si větší úsilí.
They couldn't start early, nor could they travel for extra hours.
Nemohli začít brzy, ani nemohli cestovat přesčas.
They didn't know how to work the dogs, nor themselves, for that matter.
Nevěděli, jak zacházet se psy, a vlastně ani sami se sebou.
The first dog to die was Dub, the unlucky but hardworking thief.
Prvním psem, který zemřel, byl Dub, nešťastný, ale pracovitý zloděj.
Though often punished, Dub had pulled his weight without complaint.
Ačkoliv Dub byl často trestán, zvládal svou práci bez stížností.
His injured shoulder grew worse without care or needed rest.
Jeho zraněné rameno se bez péče a potřeby odpočinku zhoršovalo.
Finally, Hal used the revolver to end Dub's suffering.
Nakonec Hal použil revolver k ukončení Dubova utrpení.
A common saying claimed that normal dogs die on husky rations.
Běžné rčení tvrdilo, že normální psi umírají na krmné dávce pro huskyho.
Buck's six new companions had only half the husky's share of food.
Buckových šest nových společníků mělo jen poloviční podíl jídla, který husky dostává.
The Newfoundland died first, then the three short-haired pointers.

Nejdříve uhynul novofundlanďan a poté tři krátkosrstí ohaři.

The two mongrels held on longer but finally perished like the rest.

Dva kříženci se držely déle, ale nakonec zahynuli stejně jako ostatní.

By this time, all the amenities and gentleness of the Southland were gone.

V této době už veškeré vybavení a laskavost Jihu byly pryč.

The three people had shed the last traces of their civilized upbringing.

Ti tři lidé se zbavili posledních stop své civilizované výchovy.

Stripped of glamour and romance, Arctic travel became brutally real.

Zbavené lesku a romantiky se cestování po Arktidě stalo brutálně skutečným.

It was a reality too harsh for their sense of manhood and womanhood.

Byla to realita příliš drsná pro jejich smysl pro mužství a ženství.

Mercedes no longer wept for the dogs, but now wept only for herself.

Mercedes už neplakala pro psy, ale teď plakala jen pro sebe.

She spent her time crying and quarreling with Hal and Charles.

Trávila čas pláčem a hádkami s Halem a Charlesem.

Quarreling was the one thing they were never too tired to do.

Hádky byly jedinou věcí, na kterou nikdy nebyli příliš unavení.

Their irritability came from misery, grew with it, and surpassed it.

Jejich podrážděnost pramenila z bídy, rostla s ní a překonala ji.

The patience of the trail, known to those who toil and suffer kindly, never came.

Trpělivost na cestě, známá těm, kdo dřou a trpí s laskavostí, se nikdy nedostavila.

That patience, which keeps speech sweet through pain, was unknown to them.

Tato trpělivost, která udržuje řeč sladkou i přes bolest, jim byla neznámá.

They had no hint of patience, no strength drawn from suffering with grace.

Neměli ani špetku trpělivosti, žádnou sílu čerpanou z utrpení s grácií.

They were stiff with pain—aching in their muscles, bones, and hearts.

Byli ztuhlí bolestí – bolely je svaly, kosti a srdce.

Because of this, they grew sharp of tongue and quick with harsh words.

Kvůli tomu se stali ostrými na jazyk a rychlými v drsných slovech.

Each day began and ended with angry voices and bitter complaints.

Každý den začínal a končil rozzlobenými hlasy a hořkými stížnostmi.

Charles and Hal wrangled whenever Mercedes gave them a chance.

Charles a Hal se hádali, kdykoli jim Mercedes dala šanci.

Each man believed he did more than his fair share of the work.

Každý muž věřil, že odvedl více práce, než mu náleží.

Neither ever missed a chance to say so, again and again.

Ani jeden z nich nikdy nepromeškal příležitost to říct, znovu a znovu.

Sometimes Mercedes sided with Charles, sometimes with Hal.

Někdy se Mercedes postavila na stranu Charlese, jindy na stranu Hala.

This led to a grand and endless quarrel among the three.

To vedlo k velké a nekonečné hádce mezi těmi třemi.

A dispute over who should chop firewood grew out of control.

Spor o to, kdo by měl kácet dříví, se vymkl kontrole.

Soon, fathers, mothers, cousins, and dead relatives were named.
Brzy byli jmenováni otcové, matky, bratranci a sestřenice a zemřelí příbuzní.
Hal's views on art or his uncle's plays became part of the fight.
Součástí boje se staly Halovy názory na umění nebo hry jeho strýce.
Charles's political beliefs also entered the debate.
Do debaty vstoupily i Charlesovy politické přesvědčení.
To Mercedes, even her husband's sister's gossip seemed relevant.
Mercedes se dokonce i drby sestry jejího manžela zdály relevantní.
She aired opinions on that and on many of Charles's family's flaws.
Vyjádřila své názory na to a na mnoho nedostatků Charlesovy rodiny.
While they argued, the fire stayed unlit and camp half set.
Zatímco se hádali, oheň zůstal nezapálený a tábor napůl zapálený.
Meanwhile, the dogs remained cold and without any food.
Mezitím psi zůstali v chladu a bez jídla.
Mercedes held a grievance she considered deeply personal.
Mercedes měla k něčemu křivdu, kterou považovala za hluboce osobní.
She felt mistreated as a woman, denied her gentle privileges.
Cítila se špatně zacházeno jako žena, byla jí odepřena její privilegia.
She was pretty and soft, and used to chivalry all her life.
Byla hezká a něžná a celý život zvyklá na rytířství.
But her husband and brother now treated her with impatience.
Ale její manžel a bratr se k ní nyní chovali netrpělivě.
Her habit was to act helpless, and they began to complain.
Měla ve zvyku chovat se bezmocně a oni si začali stěžovat.
Offended by this, she made their lives all the more difficult.

Uražená tím jim o to víc ztížila život.

She ignored the dogs and insisted on riding the sled herself.

Ignorovala psy a trvala na tom, že se na saních sveze sama.

Though light in looks, she weighed one hundred twenty pounds.

Ačkoli byla lehká, vážila sto dvacet liber.

That added burden was too much for the starving, weak dogs.

Ta dodatečná zátěž byla pro hladovějící a slabé psy příliš velká.

Still, she rode for days, until the dogs collapsed in the reins.

Přesto jela celé dny, dokud se psi nezhroutili pod otěžemi.

The sled stood still, and Charles and Hal begged her to walk.

Sáně se zastavily a Charles s Halem ji prosili, aby šla pěšky.

They pleaded and entreated, but she wept and called them cruel.

Prosili a úpěnlivě žádali, ale ona plakala a nazývala je krutými.

On one occasion, they pulled her off the sled with sheer force and anger.

Jednou ji s velkou silou a vztekem stáhli ze saní.

They never tried again after what happened that time.

Po tom, co se tehdy stalo, to už nikdy nezkusili.

She went limp like a spoiled child and sat in the snow.

Ochabla jako rozmazlené dítě a sedla si do sněhu.

They moved on, but she refused to rise or follow behind.

Pokračovali dál, ale ona odmítla vstát nebo je následovat.

After three miles, they stopped, returned, and carried her back.

Po třech mílích se zastavili, vrátili se a odnesli ji zpět.

They reloaded her onto the sled, again using brute strength.

Znovu ji naložili na saně, opět s použitím hrubé síly.

In their deep misery, they were callous to the dogs' suffering.

Ve svém hlubokém neštěstí byli k utrpení psů bezcitní.

Hal believed one must get hardened and forced that belief on others.

Hal věřil, že člověk se musí zatvrdit, a vnucoval tuto víru ostatním.

He first tried to preach his philosophy to his sister

Nejprve se pokusil kázat svou filozofii své sestře

and then, without success, he preached to his brother-in-law.

a pak bez úspěchu kázal svému švagrovi.

He had more success with the dogs, but only because he hurt them.

S psy měl větší úspěch, ale jen proto, že jim ubližoval.

At Five Fingers, the dog food ran out of food completely.

V obchodě Five Fingers došlo krmivo pro psy úplně.

A toothless old squaw sold a few pounds of frozen horse-hide

Bezzubá stará žena prodala pár liber zmrzlé koňské kůže

Hal traded his revolver for the dried horse-hide.

Hal vyměnil revolver za sušenou koňskou kůži.

The meat had come from starved horses of cattlemen months before.

Maso pocházelo od vyhladovělých koní chovatelů dobytka před měsíci.

Frozen, the hide was like galvanized iron; tough and inedible.

Zmrzlá kůže byla jako pozinkované železo; tuhá a nepoživatelná.

The dogs had to chew endlessly at the hide to eat it.

Psi museli kůži donekonečna okusovat, aby ji snědli.

But the leathery strings and short hair were hardly nourishment.

Ale kožené vlákna a krátké vlasy sotva mohly být potravou.

Most of the hide was irritating, and not food in any true sense.

Většina kůže byla dráždivá a v pravém slova smyslu to nebylo jídlo.

And through it all, Buck staggered at the front, like in a nightmare.

A během toho všeho se Buck vpředu potácel jako v noční můře.

He pulled when able; when not, he lay until whip or club raised him.

Kdykoli mohl, táhl; když ne, ležel, dokud ho bič nebo kyj nezvedli.

His fine, glossy coat had lost all stiffness and sheen it once had.

Jeho jemná, lesklá srst ztratila veškerou tuhost a lesk, které kdysi měla.

His hair hung limp, draggled, and clotted with dried blood from the blows.

Vlasy mu visely zplihlé, rozcuchané a sražené zaschlou krví z úderů.

His muscles shrank to cords, and his flesh pads were all worn away.

Jeho svaly se scvrkly na provazce a jeho kožní polštářky byly všechny odřené.

Each rib, each bone showed clearly through folds of wrinkled skin.

Každé žebro, každá kost jasně vykukovala skrz záhyby vrásčité kůže.

It was heartbreaking, yet Buck's heart could not break.

Bylo to srdcervoucí, ale Buckovi se srdce zlomit nemohlo.

The man in the red sweater had tested that and proved it long ago.

Muž v červeném svetru si to už dávno vyzkoušel a dokázal.

As it was with Buck, so it was with all his remaining teammates.

Stejně jako to bylo s Buckem, tak to bylo i se všemi jeho zbývajícími spoluhráči.

There were seven in total, each one a walking skeleton of misery.

Bylo jich celkem sedm, každý z nich byl chodící kostrou utrpení.

They had grown numb to lash, feeling only distant pain.

Ztuhli k úderům bičem a cítili jen vzdálenou bolest.

Even sight and sound reached them faintly, as through a thick fog.

Dokonce i zrak a zvuk k nim doléhaly slabě, jako by skrz hustou mlhu.

They were not half alive—they were bones with dim sparks inside.

Nebyly napůl živé – byly to kosti s matnými jiskrami uvnitř.

When stopped, they collapsed like corpses, their sparks almost gone.

Když se zastavili, zhroutili se jako mrtvoly, jejich jiskry téměř vyhasly.

And when the whip or club struck again, the sparks fluttered weakly.

A když bič nebo kyj udeřil znovu, jiskry slabě zachvěly.

Then they rose, staggered forward, and dragged their limbs ahead.

Pak se zvedli, potáceli se vpřed a táhli končetiny vpřed.

One day kind Billee fell and could no longer rise at all.

Jednoho dne laskavý Billee spadl a už se vůbec nemohl zvednout.

Hal had traded his revolver, so he used an axe to kill Billee instead.

Hal vyměnil svůj revolver, a tak místo toho zabil Billeeho sekerou.

He struck him on the head, then cut his body free and dragged it away.

Udeřil ho do hlavy, pak mu rozřízl tělo a odtáhl ho pryč.

Buck saw this, and so did the others; they knew death was near.

Buck to viděl a ostatní také; věděli, že smrt je blízko.

Next day Koona went, leaving just five dogs in the starving team.

Druhý den Koona odešla a v hladovějícím spřežení zůstalo jen pět psů.

Joe, no longer mean, was too far gone to be aware of much at all.

Joe, už ne zlý, byl příliš daleko na to, aby si vůbec něčeho všímal.

Pike, no longer faking his injury, was barely conscious.

Pike, který už nepředstíral své zranění, byl sotva při vědomí.

Solleks, still faithful, mourned he had no strength to give.

Solleks, stále věrný, truchlil nad tím, že nemá sílu dát.

Teek was beaten most because he was fresher, but fading fast.

Teek byl nejvíc poražen, protože byl svěžejší, ale rychle slábl.

And Buck, still in the lead, no longer kept order or enforced it.

A Buck, stále v čele, už neudržoval pořádek ani ho nevymáhal.

Half blind with weakness, Buck followed the trail by feel alone.

Napůl slepý slabostí Buck šel po stopě jen hmatem.

It was beautiful spring weather, but none of them noticed it.

Bylo krásné jarní počasí, ale nikdo z nich si toho nevšiml.

Each day the sun rose earlier and set later than before.

Každý den slunce vycházelo dříve a zapadalo později než předtím.

By three in the morning, dawn had come; twilight lasted till nine.

Ve tři hodiny ráno se rozednilo; soumrak trval do devíti.

The long days were filled with the full blaze of spring sunshine.

Dlouhé dny byly naplněny zářivým jarním sluncem.

The ghostly silence of winter had changed into a warm murmur.

Přízračné ticho zimy se změnilo v teplý šum.

All the land was waking, alive with the joy of living things.

Celá země se probouzela, ožívala radostí živých tvorů.

The sound came from what had lain dead and still through winter.

Zvuk vycházel z toho, co leželo mrtvé a nehybné přes zimu.

Now, those things moved again, shaking off the long frost sleep.

Teď se ty věci znovu pohnuly a setřásly dlouhý mrazivý spánek.

Sap was rising through the dark trunks of the waiting pine trees.

Míza stoupala z tmavých kmenů čekajících borovic.

Willows and aspens burst out bright young buds on each twig.

Vrby a osiky na každé větvičce raší zářivé mladé pupeny.

Shrubs and vines put on fresh green as the woods came alive.

Keře a vinná réva se svěže zazelenaly, jak lesy ožívaly.

Crickets chirped at night, and bugs crawled in daylight sun.

V noci štěbetali cvrčci a v denním slunci se hemžil hmyz.

Partridges boomed, and woodpeckers knocked deep in the trees.

Koroptve duněly a datli klepali hluboko ve stromech.

Squirrels chattered, birds sang, and geese honked over the dogs.

Veverky štěbetaly, ptáci zpívali a husy kvílely nad psy.

The wild-fowl came in sharp wedges, flying up from the south.

Divoké ptactvo se slétalo v ostrých klínech od jihu.

From every hillside came the music of hidden, rushing streams.

Z každého svahu se linula hudba skrytých, zurčících potoků.

All things thawed and snapped, bent and burst back into motion.

Všechno rozmrzlo, prasklo, ohnulo se a znovu se dalo do pohybu.

The Yukon strained to break the cold chains of frozen ice.

Yukon se napínal, aby prolomil chladné řetězy zmrzlého ledu.

The ice melted underneath, while the sun melted it from above.

Led se roztál zespodu, zatímco slunce ho roztápělo shora.

Air-holes opened, cracks spread, and chunks fell into the river.

Otevřely se větrací otvory, rozšířily se praskliny a kusy padaly do řeky.

Amid all this bursting and blazing life, the travelers staggered.

Uprostřed všeho toho kypícího a planoucího života se cestovatelé potáceli.

Two men, a woman, and a pack of huskies walked like the dead.

Dva muži, žena a smečka huskyů kráčeli jako mrtví.

The dogs were falling, Mercedes wept, but still rode the sled.

Psi padali, Mercedes plakala, ale stále jela na saních.

Hal cursed weakly, and Charles blinked through watering eyes.

Hal slabě zaklel a Charles zamrkal slzavýma očima.

They stumbled into John Thornton's camp by White River's mouth.

Narazili na tábor Johna Thorntona u ústí Bílé řeky.

When they stopped, the dogs dropped flat, as if all struck dead.

Když se zastavili, psi padli na zem, jako by byli všichni zasaženi smrtí.

Mercedes wiped her tears and looked across at John Thornton.

Mercedes si utřela slzy a pohlédla na Johna Thorntona.

Charles sat on a log, slowly and stiffly, aching from the trail.

Karel seděl na kládě, pomalu a ztuhle, bolelo ho od bolesti z cesty.

Hal did the talking as Thornton carved the end of an axe-handle.

Hal mluvil, zatímco Thornton vyřezával konec rukojeti sekery.

He whittled birch wood and answered with brief, firm replies.

Řezal březové dřevo a odpovídal krátkými, pevnými odpověďmi.

When asked, he gave advice, certain it wasn't going to be followed.

Když byl požádán, dal radu, ale byl si jistý, že se jí nebude
řídit.

Hal explained, "They told us the trail ice was dropping out."
Hal vysvětlil: „Řekli nám, že se led na stezce uvolňuje."

**"They said we should stay put—but we made it to White
River."**
„Říkali, že máme zůstat tady – ale do White River jsme se
dostali."

**He ended with a sneering tone, as if to claim victory in
hardship.**
Skončil posměšným tónem, jako by si chtěl prohlásit vítězství
v těžkostech.

**"And they told you true," John Thornton answered Hal
quietly.**
„A říkali ti pravdu," odpověděl John Thornton Halovi tiše.

**"The ice may give way at any moment—it's ready to drop
out."**
„Led může každou chvíli povolit – je připravený odpadnout."

**"Only blind luck and fools could have made it this far
alive."**
„Jen slepé štěstí a blázni se mohli dostat tak daleko přeživší."

**"I tell you straight, I wouldn't risk my life for all Alaska's
gold."**
„Říkám ti rovnou, neriskoval bych život ani za všechno
aljašské zlato."

"That's because you're not a fool, I suppose," Hal answered.
„To je asi proto, že nejsi hlupák," odpověděl Hal.

**"All the same, we'll go on to Dawson." He uncoiled his
whip.**
„Stejně tak půjdeme do Dawsonu." Rozvinul bič.

"Get up there, Buck! Hi! Get up! Go on!" he shouted harshly.
„Vylez nahoru, Bucku! Nazdar! Vstaň! No tak!" křičel drsně.

Thornton kept whittling, knowing fools won't hear reason.
Thornton dál řezbářil, protože věděl, že hlupáci na rozum
neposlouchají.

**To stop a fool was futile—and two or three fooled changed
nothing.**

Zastavit hlupáka bylo marné – a dva nebo tři hlupáci nic
nezměnili.

But the team didn't move at the sound of Hal's command.

Ale tým se na zvuk Halova rozkazu nepohnul.

By now, only blows could make them rise and pull forward.

V tuto chvíli je mohly zvednout a posunout vpřed už jen
údery.

**The whip snapped again and again across the weakened
dogs.**

Bič znovu a znovu šlehal po zesláblých psech.

**John Thornton pressed his lips tightly and watched in
silence.**

John Thornton pevně stiskl rty a mlčky se díval.

Solleks was the first to crawl to his feet under the lash.

Solleks se pod bičem jako první doplazil na nohy.

**Then Teek followed, trembling. Joe yelped as he stumbled
up.**

Pak ho následoval třesoucí se Teek. Joe vykřikl, když se
vyškrábal.

Pike tried to rise, failed twice, then finally stood unsteadily.

Pike se pokusil vstát, dvakrát selhal a pak se konečně nejistě
postavil.

**But Buck lay where he had fallen, not moving at all this
time.**

Ale Buck ležel tam, kde padl, tentokrát se vůbec nehýbal.

The whip slashed him over and over, but he made no sound.

Bič ho sekl znovu a znovu, ale on nevydal ani hlásku.

He did not flinch or resist, simply remained still and quiet.

Neuhnul ani se nebránil, prostě zůstal nehybný a tichý.

Thornton stirred more than once, as if to speak, but didn't.

Thornton se několikrát pohnul, jako by chtěl promluvit, ale
neudělal to.

His eyes grew wet, and still the whip cracked against Buck.

Oči mu zvlhly a bič stále práskal do Bucka.

At last, Thornton began pacing slowly, unsure of what to do.

Konečně se Thornton začal pomalu procházet sem a tam,
nejistý si, co má dělat.

It was the first time Buck had failed, and Hal grew furious.

Bylo to poprvé, co Buck selhal, a Hal se rozzuřil.

He threw down the whip and picked up the heavy club instead.

Odhodil bič a místo toho zvedl těžký kyj.

The wooden club came down hard, but Buck still did not rise to move.

Dřevěná kyj tvrdě dopadla, ale Buck se stále nezvedl, aby se pohnul.

Like his teammates, he was too weak — but more than that.

Stejně jako jeho spoluhráči byl příliš slabý – ale víc než to.

Buck had decided not to move, no matter what came next.

Buck se rozhodl, že se nepohne, ať se stane cokoli.

He felt something dark and certain hovering just ahead.

Cítil, jak se před ním vznáší něco temného a jistého.

That dread had seized him as soon as he reached the riverbank.

Ta hrůza ho zmocnila, jakmile dorazil na břeh řeky.

The feeling had not left him since he felt the ice thin under his paws.

Ten pocit ho neopustil od chvíle, kdy cítil, jak je led pod jeho tlapkami tenký.

Something terrible was waiting — he felt it just down the trail.

Čekalo na něj něco hrozného – cítil to hned za ním.

He wasn't going to walk towards that terrible thing ahead

Neměl v úmyslu jít k té hrozné věci před sebou.

He was not going to obey any command that took him to that thing.

Nehodlán poslechnout žádný rozkaz, který by ho k té věci dovedl.

The pain of the blows hardly touched him now — he was too far gone.

Bolest z ran se ho teď sotva dotýkala – byl už příliš daleko.

The spark of life flickered low, dimmed beneath each cruel strike.

Jiskra života slabě mihotala, ztlumená pod každým krutým úderem.

His limbs felt distant; his whole body seemed to belong to another.

Jeho končetiny se zdály vzdálené; celé jeho tělo jako by patřilo někomu jinému.

He felt a strange numbness as the pain faded out completely.

Pocítil zvláštní necitlivost, když bolest úplně odezněla.

From far away, he sensed he was being beaten, but barely knew.

Z dálky cítil, že je bitý, ale sotva si to uvědomoval.

He could hear the thuds faintly, but they no longer truly hurt.

Slabě slyšel ty dunivé údery, ale už ho doopravdy nebolely.

The blows landed, but his body no longer seemed like his own.

Údery dopadaly, ale jeho tělo už nepřipadalo jako jeho vlastní.

Then suddenly, without warning, John Thornton gave a wild cry.

Pak náhle, bez varování, John Thornton divokým výkřikem vyrazil.

It was inarticulate, more the cry of a beast than of a man.

Bylo to nesrozumitelné, spíše křik zvířete než člověka.

He leapt at the man with the club and knocked Hal backward.

Skočil na muže s obuškem a srazil Hala dozadu.

Hal flew as if struck by a tree, landing hard upon the ground.

Hal letěl, jako by ho srazil strom, a tvrdě přistál na zemi.

Mercedes screamed aloud in panic and clutched at her face.

Mercedes hlasitě vykřikla panikou a chytila se za obličej.

Charles only looked on, wiped his eyes, and stayed seated.

Karel se jen díval, otřel si oči a zůstal sedět.

His body was too stiff with pain to rise or help in the fight.

Jeho tělo bylo příliš ztuhlé bolestí, než aby se mohl zvednout nebo pomoci v boji.

Thornton stood over Buck, trembling with fury, unable to speak.

Thornton stál nad Buckem, třásl se vzteky a nebyl schopen promluvit.

He shook with rage and fought to find his voice through it.

Třásl se vzteky a snažil se skrz ně najít hlas.

"If you strike that dog again, I'll kill you," he finally said.

„Jestli toho psa udeříš ještě jednou, zabiju tě," řekl nakonec.

Hal wiped blood from his mouth and came forward again.

Hal si setřel krev z úst a znovu přistoupil.

"It's my dog," he muttered. "Get out of the way, or I'll fix you."

„To je můj pes," zamumlal. „Uhni mi z cesty, nebo tě napravím."

"I'm going to Dawson, and you're not stopping me," he added.

„Jedu do Dawsonu a ty mě nezastavíš," dodal.

Thornton stood firm between Buck and the angry young man.

Thornton stál pevně mezi Buckem a rozzlobeným mladíkem.

He had no intention of stepping aside or letting Hal pass.

Neměl v úmyslu ustoupit stranou ani nechat Hala projít.

Hal pulled out his hunting knife, long and dangerous in hand.

Hal vytáhl svůj lovecký nůž, dlouhý a nebezpečný v ruce.

Mercedes screamed, then cried, then laughed in wild hysteria.

Mercedes křičela, pak plakala a pak se divoce hystericky smála.

Thornton struck Hal's hand with his axe-handle, hard and fast.

Thornton udeřil Hala do ruky násadou sekery, silně a rychle.

The knife was knocked loose from Hal's grip and flew to the ground.

Nůž Halovi vypadl z rukou a odletěl na zem.

Hal tried to pick the knife up, and Thornton rapped his knuckles again.

Hal se pokusil zvednout nůž a Thornton si znovu zabušil do klouby prstů.

Then Thornton stooped down, grabbed the knife, and held it.

Pak se Thornton sehnul, popadl nůž a držel ho.

With two quick chops of the axe-handle, he cut Buck's reins.

Dvěma rychlými údery rukojetí sekery přeřízl Buckovi otěže.

Hal had no fight left in him and stepped back from the dog.

Hal v sobě nezbývala žádná bojovnost a ustoupil od psa.

Besides, Mercedes needed both arms now to keep her upright.

Kromě toho teď Mercedes potřebovala obě paže, aby se udržela ve vzpřímené poloze.

Buck was too near death to be of use for pulling a sled again.

Buck byl příliš blízko smrti, než aby mohl znovu táhnout sáně.

A few minutes later, they pulled out, heading down the river.

O pár minut později vyjeli a zamířili dolů po řece.

Buck raised his head weakly and watched them leave the bank.

Buck slabě zvedl hlavu a sledoval, jak odcházejí z banky.

Pike led the team, with Solleks at the rear in the wheel spot.

Pike vedl tým, Solleks byl vzadu na místě volantu.

Joe and Teek walked between, both limping with exhaustion.

Joe a Teek šli mezi nimi, oba kulhali vyčerpáním.

Mercedes sat on the sled, and Hal gripped the long gee-pole.

Mercedes seděla na saních a Hal se držel dlouhé tyče.

Charles stumbled behind, his steps clumsy and uncertain.

Karel se klopýtal za nimi, jeho kroky byly neohrabané a nejisté.

Thornton knelt by Buck and gently felt for broken bones.

Thornton klekl vedle Bucka a jemně hledal zlomené kosti.

His hands were rough but moved with kindness and care.

Jeho ruce byly drsné, ale pohybovaly se s laskavostí a péčí.

Buck's body was bruised but showed no lasting injury.

Buckovo tělo bylo pohmožděné, ale nevykazovalo žádná trvalá zranění.

What remained was terrible hunger and near-total weakness.

Zůstal jen hrozný hlad a téměř totální slabost.

By the time this was clear, the sled had gone far downriver.

Než se to vyjasnilo, saně už byly daleko po proudu.

Man and dog watched the sled slowly crawl over the cracking ice.

Muž a pes sledovali, jak se sáně pomalu plazí po praskajícím ledu.

Then, they saw the sled sink down into a hollow.

Pak viděli, jak se saně propadají do prohlubně.

The gee-pole flew up, with Hal still clinging to it in vain.

Tyč vyletěla vzhůru a Hal se jí stále marně držel.

Mercedes's scream reached them across the cold distance.

Mercedesin výkřik k nim dolehl přes chladnou dálku.

Charles turned and stepped back—but he was too late.

Karel se otočil a ustoupil – ale bylo už pozdě.

A whole ice sheet gave way, and they all dropped through.

Celý ledový příkrov se propadl a všichni se skrz něj propadli.

Dogs, sled, and people vanished into the black water below.

Psi, saně a lidé zmizeli v černé vodě pod nimi.

Only a wide hole in the ice was left where they had passed.

V místě, kudy prošli, zbyla v ledu jen široká díra.

The trail's bottom had dropped out—just as Thornton warned.

Dno stezky se propadlo – přesně jak Thornton varoval.

Thornton and Buck looked at one another, silent for a moment.

Thornton a Buck se na sebe podívali a na okamžik zmlkli.

"You poor devil," said Thornton softly, and Buck licked his hand.

„Ty ubohý ďáblíku," řekl Thornton tiše a Buck mu olízl ruku.

For the Love of a Man
Z lásky k muži

John Thornton froze his feet in the cold of the previous December.
Johnu Thorntonovi loni v prosinci omrzly nohy.

His partners made him comfortable and left him to recover alone.
Jeho partneři ho uklidnili a nechali ho, aby se zotavil samotného.

They went up the river to gather a raft of saw-logs for Dawson.
Vydali se proti proudu řeky, aby nashromáždili vor řezacích klád pro Dawsona.

He was still limping slightly when he rescued Buck from death.
Když zachránil Bucka před smrtí, stále mírně kulhal.

But with warm weather continuing, even that limp disappeared.
Ale s pokračujícím teplým počasím i to kulhání zmizelo.

Lying by the riverbank during long spring days, Buck rested.
Buck odpočíval během dlouhých jarních dnů na břehu řeky.

He watched the flowing water and listened to birds and insects.
Pozoroval tekoucí vodu a poslouchal ptáky a hmyz.

Slowly, Buck regained his strength under the sun and sky.
Buck pod sluncem a oblohou pomalu nabýval na síle.

A rest felt wonderful after traveling three thousand miles.
Odpočinek po ujetých třech tisících mil byl úžasný.

Buck became lazy as his wounds healed and his body filled out.
Buck se stal líným, jak se mu hojily rány a tělo se mu vyplňovalo.

His muscles grew firm, and flesh returned to cover his bones.
Jeho svaly zpevnily a maso se vrátilo, aby mu pokrylo kosti.

They were all resting—Buck, Thornton, Skeet, and Nig.
Všichni odpočívali – Buck, Thornton, Skeet a Nig.
They waited for the raft that was going to carry them down to Dawson.
Čekali na vor, který je měl dopravit dolů do Dawsonu.
Skeet was a small Irish setter who made friends with Buck.
Skeet byl malý irský setr, který se spřátelil s Buckem.
Buck was too weak and ill to resist her at their first meeting.
Buck byl příliš slabý a nemocný, aby jí při jejich prvním setkání odolal.
Skeet had the healer trait that some dogs naturally possess.
Skeet měl léčitelskou vlastnost, kterou někteří psi přirozeně mají.
Like a mother cat, she licked and cleaned Buck's raw wounds.
Jako kočičí matka olizovala a čistila Buckovy odřené rány.
Every morning after breakfast, she repeated her careful work.
Každé ráno po snídani opakovala svou pečlivou práci.
Buck came to expect her help as much as he did Thornton's.
Buck očekával její pomoc stejně jako Thorntonovu.
Nig was friendly too, but less open and less affectionate.
Nig byl také přátelský, ale méně otevřený a méně láskyplný.
Nig was a big black dog, part bloodhound and part deerhound.
Nig byl velký černý pes, zčásti krveprolití a zčásti jelení pes.
He had laughing eyes and endless good nature in his spirit.
Měl smějící se oči a v duši nekonečnou dobrosrdečnost.
To Buck's surprise, neither dog showed jealousy toward him.
K Buckovu překvapení ani jeden pes na něj neprojevoval žárlivost.
Both Skeet and Nig shared the kindness of John Thornton.
Skeet i Nig sdíleli laskavost Johna Thorntona.
As Buck got stronger, they lured him into foolish dog games.
Jak Buck sílil, lákali ho do hloupých psích her.

Thornton often played with them too, unable to resist their joy.

Thornton si s nimi také často hrál, protože nemohl odolat jejich radosti.

In this playful way, Buck moved from illness to a new life.

Touto hravou formou se Buck přenesl z nemoci do nového života.

Love—true, burning, and passionate love—was his at last.

Láska – pravá, planoucí a vášnivá láska – konečně patřila jeho.

He had never known this kind of love at Miller's estate.

Na Millerově panství nikdy nepoznal takovou lásku.

With the Judge's sons, he had shared work and adventure.

Se soudcovými syny sdílel práci i dobrodružství.

With the grandsons, he saw stiff and boastful pride.

U vnuků viděl strnulou a chvástavou pýchu.

With Judge Miller himself, he had a respectful friendship.

Se samotným soudcem Millerem ho pojímalo uctivé přátelství.

But love that was fire, madness, and worship came with Thornton.

Ale s Thorntonem přišla láska, která byla ohněm, šílenstvím a uctíváním.

This man had saved Buck's life, and that alone meant a great deal.

Tento muž zachránil Buckovi život a už jen to samo o sobě hodně znamenalo.

But more than that, John Thornton was the ideal kind of master.

Ale víc než to, John Thornton byl ideálním typem mistra.

Other men cared for dogs out of duty or business necessity.

Jiní muži se o psy starali z povinnosti nebo pracovní nutnosti.

John Thornton cared for his dogs as if they were his children.

John Thornton se o své psy staral, jako by to byly jeho děti.

He cared for them because he loved them and simply could not help it.

Staral se o ně, protože je miloval a prostě si nemohl pomoct.

John Thornton saw even further than most men ever managed to see.

John Thornton viděl ještě dál, než většina mužů kdy dokázala vidět.

He never forgot to greet them kindly or speak a cheering word.

Nikdy nezapomněl je vlídně pozdravit nebo pronést povzbudivé slovo.

He loved sitting down with the dogs for long talks, or "gassy," as he said.

Miloval dlouhé rozhovory se psy, nebo jak říkal, „nadýmání".

He liked to seize Buck's head roughly between his strong hands.

Rád Buckovi hrubě svíral hlavu svýma silnýma rukama.

Then he rested his own head against Buck's and shook him gently.

Pak si opřel hlavu o Buckovu a jemně s ní zatřásl.

All the while, he called Buck rude names that meant love to Buck.

Celou dobu Buckovi nadával sprostými jmény, která pro Bucka znamenala lásku.

To Buck, that rough embrace and those words brought deep joy.

Buckovi to drsné objetí a ta slova přinesly hlubokou radost.

His heart seemed to shake loose with happiness at each movement.

Zdálo se, že se mu srdce při každém pohybu uvolňuje štěstím.

When he sprang up afterward, his mouth looked like it laughed.

Když potom vyskočil, jeho ústa vypadala, jako by se smála.

His eyes shone brightly and his throat trembled with unspoken joy.

Oči mu jasně zářily a hrdlo se mu třáslo nevyslovenou radostí.

His smile stood still in that state of emotion and glowing affection.

Jeho úsměv v tom stavu emocí a zářící náklonnosti nehybně stával.

Then Thornton exclaimed thoughtfully, "God! he can almost speak!"

Pak Thornton zamyšleně zvolal: „Bože! Vždyť už skoro umí mluvit!"

Buck had a strange way of expressing love that nearly caused pain.

Buck měl zvláštní způsob vyjadřování lásky, který mu málem způsoboval bolest.

He often griped Thornton's hand in his teeth very tightly.

Často velmi pevně svíral Thorntonovu ruku v zubech.

The bite was going to leave deep marks that stayed for some time after.

Kousnutí mělo zanechat hluboké stopy, které zůstaly ještě nějakou dobu poté.

Buck believed those oaths were love, and Thornton knew the same.

Buck věřil, že ty přísahy jsou láska, a Thornton věděl totéž.

Most often, Buck's love showed in quiet, almost silent adoration.

Buckova láska se nejčastěji projevovala v tichém, téměř němém zbožňování.

Though thrilled when touched or spoken to, he did not seek attention.

Ačkoli byl nadšený, když se ho někdo dotkl nebo na něj oslovil, nevyhledával pozornost.

Skeet nudged her nose under Thornton's hand until he petted her.

Skeet strčila čumákem pod Thorntonovu ruku, dokud ji nepohladil.

Nig walked up quietly and rested his large head on Thornton's knee.

Nig tiše přistoupil a položil svou velkou hlavu na Thorntonovo koleno.

Buck, in contrast, was satisfied to love from a respectful distance.

Buck se naopak spokojil s láskou projevovanou z uctivé vzdálenosti.

He lied for hours at Thornton's feet, alert and watching closely.

Hodiny ležel Thorntonovi u nohou, bdělý a bedlivě sledoval.

Buck studied every detail of his master's face and slightest motion.

Buck studoval každý detail tváře svého pána a jeho sebemenší pohyb.

Or lied farther away, studying the man's shape in silence.

Nebo ležel dál a mlčky studoval mužovu postavu.

Buck watched each small move, each shift in posture or gesture.

Buck sledoval každý malý pohyb, každou změnu postoje nebo gesta.

So powerful was this connection that often pulled Thornton's gaze.

Toto spojení bylo tak silné, že často přitahovalo Thorntonův pohled.

He met Buck's eyes with no words, love shining clearly through.

Beze slov se setkal s Buckovým pohledem, z něhož jasně zářila láska.

For a long while after being saved, Buck never let Thornton out of sight.

Dlouho poté, co byl Buck zachráněn, nespustil Thorntona z dohledu.

Whenever Thornton left the tent, Buck followed him closely outside.

Kdykoli Thornton opustil stan, Buck ho těsně následoval ven.

All the harsh masters in the Northland had made Buck afraid to trust.

Všichni ti drsní páni na Severu Bucka zastrašili a zbavili ho důvěry.

He feared no man could remain his master for more than a short time.

Bál se, že žádný muž nemůže zůstat jeho pánem déle než krátkou dobu.

He feared John Thornton was going to vanish like Perrault and François.

Bál se, že John Thornton zmizí jako Perrault a François.

Even at night, the fear of losing him haunted Buck's restless sleep.

I v noci pronásledoval Buckův neklidný spánek strach ze ztráty.

When Buck woke, he crept out into the cold, and went to the tent.

Když se Buck probudil, vyplížil se do chladu a šel ke stanu.

He listened carefully for the soft sound of breathing inside.

Pozorně naslouchal, jestli neuslyší tichý zvuk vnitřního dýchání.

Despite Buck's deep love for John Thornton, the wild stayed alive.

Navzdory Buckově hluboké lásce k Johnu Thorntonovi divočina zůstala naživu.

That primitive instinct, awakened in the North, did not disappear.

Ten primitivní instinkt, probuzený na Severu, nezmizel.

Love brought devotion, loyalty, and the fire-side's warm bond.

Láska přinesla oddanost, věrnost a vřelé pouto u krbu.

But Buck also kept his wild instincts, sharp and ever alert.

Buck si ale také zachoval své divoké instinkty, bystré a neustále ve střehu.

He was not just a tamed pet from the soft lands of civilization.

Nebyl to jen ochočený mazlíček z měkkých končin civilizace.

Buck was a wild being who had come in to sit by Thornton's fire.

Buck byl divoký tvor, který si přišel sednout k Thorntonovu ohni.

He looked like a Southland dog, but wildness lived within him.

Vypadal jako pes z Jihu, ale v sobě žil divokost.

His love for Thornton was too great to allow theft from the man.

Jeho láska k Thorntonovi byla příliš velká na to, aby mu dovolila okrást ho.

But in any other camp, he would steal boldly and without pause.

Ale v jakémkoli jiném táboře by kradl směle a bez zaváhání.

He was so clever in stealing that no one could catch or accuse him.

Byl tak chytrý v krádeži, že ho nikdo nemohl chytit ani obvinit.

His face and body were covered in scars from many past fights.

Jeho obličej a tělo byly pokryty jizvami z mnoha minulých bojů.

Buck still fought fiercely, but now he fought with more cunning.

Buck stále bojoval zuřivě, ale teď bojoval s větší lstivostí.

Skeet and Nig were too gentle to fight, and they were Thornton's.

Skeet a Nig byli příliš jemní na to, aby se s nimi bojovalo, a patřili Thorntonovi.

But any strange dog, no matter how strong or brave, gave way.

Ale každý cizí pes, bez ohledu na to, jak silný nebo statečný byl, ustoupil.

Otherwise, the dog found itself battling Buck; fighting for its life.

Jinak se pes ocitl v situaci, kdy s Buckem bojoval; bojoval o život.

Buck had no mercy once he chose to fight against another dog.

Buck neměl slitování, jakmile se rozhodl bojovat s jiným psem.

He had learned well the law of club and fang in the Northland.

Dobře se naučil zákon kyje a tesáku na Severu.

He never gave up an advantage and never backed away from battle.

Nikdy se nevzdal výhody a nikdy neustoupil z bitvy.

He had studied Spitz and the fiercest dogs of mail and police.

Studoval Špice a nejzuřivější poštovní a policejní psy.

He knew clearly there was no middle ground in wild combat.

Jasně věděl, že v divokém boji není střední cesta.

He must rule or be ruled; showing mercy meant showing weakness.

Musel vládnout, nebo být ovládán; projevit milosrdenství znamenalo projevit slabost.

Mercy was unknown in the raw and brutal world of survival.

V surovém a brutálním světě přežití bylo milosrdenství neznámé.

To show mercy was seen as fear, and fear led quickly to death.

Projevování milosrdenství bylo vnímáno jako strach a strach rychle vedl k smrti.

The old law was simple: kill or be killed, eat or be eaten.

Starý zákon byl jednoduchý: zabij, nebo budeš zabit, sněz, nebo budeš sežrán.

That law came from the depths of time, and Buck followed it fully.

Ten zákon pocházel z hlubin času a Buck se jím plně řídil.

Buck was older than his years and the number of breaths he took.

Buck byl starší, než na jaký věk a kolik nádechů se nadechl.

He connected the ancient past with the present moment clearly.

Jasně propojil dávnou minulost s přítomností.

The deep rhythms of the ages moved through him like the tides.

Hluboké rytmy věků se jím proháněly jako příliv a odliv.

Time pulsed in his blood as surely as seasons moved the earth.

Čas mu v krvi pulzoval stejně jistě, jako se roční období pohybovala zemí.

He sat by Thornton's fire, strong-chested and white-fanged.

Seděl u Thorntonova ohně, se silnou hrudí a bílými tesáky.

His long fur waved, but behind him the spirits of wild dogs watched.

Jeho dlouhá srst vlala, ale za ním ho pozorovali duchové divokých psů.

Half-wolves and full wolves stirred within his heart and senses.

V jeho srdci a smyslech se probouzely poloviční i skuteční vlci.

They tasted his meat and drank the same water that he did.

Ochutnali jeho maso a pili stejnou vodu jako on.

They sniffed the wind alongside him and listened to the forest.

Nasmívali se větru vedle něj a naslouchali lesu.

They whispered the meanings of the wild sounds in the darkness.

Šeptali významy divokých zvuků ve tmě.

They shaped his moods and guided each of his quiet reactions.

Formovaly jeho nálady a řídily každou z jeho tichých reakcí.

They lay with him as he slept and became part of his deep dreams.

Ležely s ním, když spal, a stávaly se součástí jeho hlubokých snů.

They dreamed with him, beyond him, and made up his very spirit.

Snili s ním, překračovali jeho hranice, a tvořili jeho samotnou duši.

The spirits of the wild called so strongly that Buck felt pulled.

Duchové divočiny volali tak silně, že se Buck cítil přitahován.

Each day, mankind and its claims grew weaker in Buck's heart.

Lidstvo a jeho nároky v Buckově srdci každým dnem slábly.

Deep in the forest, a strange and thrilling call was going to rise.

Hluboko v lese se mělo ozvat zvláštní a vzrušující volání.

Every time he heard the call, Buck felt an urge he could not resist.

Pokaždé, když Buck uslyšel volání, pocítil nutkání, kterému nemohl odolat.

He was going to turn from the fire and from the beaten human paths.

Chystal se odvrátit od ohně a od vyšlapaných lidských cest.

He was going to plunge into the forest, going forward without knowing why.

Chystal se vrhnout se do lesa, jít vpřed, aniž by věděl proč.

He did not question this pull, for the call was deep and powerful.

Nezpochybňoval tuto přitažlivost, neboť volání bylo hluboké a silné.

Often, he reached the green shade and soft untouched earth

Často dosahoval zeleného stínu a měkké nedotčené země

But then the strong love for John Thornton pulled him back to the fire.

Ale pak ho silná láska k Johnu Thorntonovi přitáhla zpět k ohni.

Only John Thornton truly held Buck's wild heart in his grasp.

Pouze John Thornton skutečně držel Buckovo divoké srdce ve svém sevření.

The rest of mankind had no lasting value or meaning to Buck.

Zbytek lidstva pro Bucka neměl žádnou trvalou hodnotu ani význam.

Strangers might praise him or stroke his fur with friendly hands.

Cizí lidé by ho mohli chválit nebo přátelsky hladit jeho srst.

Buck remained unmoved and walked off from too much affection.

Buck zůstal nehnut a odešel z přílišné náklonnosti.

Hans and Pete arrived with the raft that had long been awaited

Hans a Pete dorazili s vorem, na který se dlouho čekalo.

Buck ignored them until he learned they were close to Thornton.

Buck je ignoroval, dokud se nedozvěděl, že jsou blízko Thorntonu.

After that, he tolerated them, but never showed them full warmth.

Poté je toleroval, ale nikdy jim neprojevoval plnou vřelost.

He took food or kindness from them as if doing them a favor.

Přijímal od nich jídlo nebo laskavost, jako by jim prokazoval laskavost.

They were like Thornton—simple, honest, and clear in thought.

Byli jako Thornton – prostí, čestní a s jasným myšlením.

All together they traveled to Dawson's saw-mill and the great eddy

Všichni společně cestovali k Dawsonově pile a k velkému víru

On their journey the learned to understand Buck's nature deeply.

Na své cestě se naučili hluboce porozumět Buckově povaze.

They did not try to grow close like Skeet and Nig had done.

Nesnažili se sblížit jako Skeet a Nig.

But Buck's love for John Thornton only deepened over time.

Buckova láska k Johnu Thorntonovi se ale časem jen prohlubovala.

Only Thornton could place a pack on Buck's back in the summer.

Jen Thornton dokázal v létě Buckovi na záda naložit batoh.

Whatever Thornton commanded, Buck was willing to do fully.

Ať už Thornton přikázal cokoli, Buck byl ochoten splnit vše, co potřeboval.

One day, after they left Dawson for the headwaters of the Tanana,

Jednoho dne, poté, co opustili Dawson a vydali se k pramenům řeky Tanany,

the group sat on a cliff that dropped three feet to bare bedrock.

Skupina seděla na útesu, který se svažoval o metr níže k holé skále.

John Thornton sat near the edge, and Buck rested beside him.

John Thornton seděl blízko okraje a Buck odpočíval vedle něj.

Thornton had a sudden thought and called the men's attention.

Thorntona náhle napadla myšlenka a upoutal pozornost mužů.

He pointed across the chasm and gave Buck a single command.

Ukázal přes propast a dal Buckovi jediný rozkaz.

"Jump, Buck!" he said, swinging his arm out over the drop.

„Skoč, Bucku!" řekl a natáhl ruku přes propast.

In a moment, he had to grab Buck, who was leaping to obey.

V okamžiku musel chytit Bucka, který se chystal poslechnout.

Hans and Pete rushed forward and pulled both back to safety.

Hans a Pete se vrhli dopředu a odtáhli oba zpět do bezpečí.

After all ended, and they had caught their breath, Pete spoke up.

Když všechno skončilo a oni popadli dech, promluvil Pete.

"The love's uncanny," he said, shaken by the dog's fierce devotion.

„Ta láska je zlověstná," řekl, otřesen psí zuřivou oddaností.

Thornton shook his head and replied with calm seriousness.

Thornton zavrtěl hlavou a odpověděl s klidnou vážností.

"No, the love is splendid," he said, "but also terrible."

„Ne, láska je nádherná," řekl, „ale také hrozná."

"Sometimes, I must admit, this kind of love makes me afraid."

„Někdy musím přiznat, že mě tenhle druh lásky děsí."

Pete nodded and said, "I'd hate to be the man who touches you."

Pete přikývl a řekl: „Nerad bych byl ten muž, co se tě dotkne."

He looked at Buck as he spoke, serious and full of respect.

Při řeči se na Bucka díval vážně a plný úcty.

"Py Jingo!" said Hans quickly. "Me either, no sir."

„Py Jingo!" řekl Hans rychle. „Já taky ne, pane."

Before the year ended, Pete's fears came true at Circle City.

Ještě před koncem roku se Petovy obavy v Circle City naplnily.

A cruel man named Black Burton picked a fight in the bar.

Krutý muž jménem Black Burton se v baru popral.

He was angry and malicious, lashing out at a new tenderfoot.

Byl rozzlobený a zlomyslný a útočil na nového mladíka.

John Thornton stepped in, calm and good-natured as always.

Vstoupil John Thornton, klidný a dobromyslný jako vždy.

Buck lay in a corner, head down, watching Thornton closely.

Buck ležel v rohu se sklopenou hlavou a pozorně sledoval Thorntona.

Burton suddenly struck, his punch sending Thornton spinning.

Burton náhle udeřil a jeho rána Thorntona zatočila.

Only the bar's rail kept him from crashing hard to the ground.

Pouze zábradlí hrazdy ho zabránilo v prudkém pádu na zem.

The watchers heard a sound that was not bark or yelp

Pozorovatelé slyšeli zvuk, který nebyl štěkání ani kňučení

a deep roar came from Buck as he launched toward the man.

Buck se ozval hlubokým řevem, když se vrhl k muži.

Burton threw his arm up and barely saved his own life.

Burton zvedl ruku a jen tak tak si zachránil život.

Buck crashed into him, knocking him flat onto the floor.

Buck do něj narazil a srazil ho na podlahu.

Buck bit deep into the man's arm, then lunged for the throat.

Buck se hluboce zakousl do mužovy paže a pak se vrhl na krk.

Burton could only partly block, and his neck was torn open.

Burton dokázal blokovat jen částečně a měl roztržený krk.

Men rushed in, clubs raised, and drove Buck off the bleeding man.

Muži vtrhli dovnitř s zdviženými obušky a odhnali Bucka od krvácejícího muže.

A surgeon worked quickly to stop the blood from flowing out.

Chirurg rychle zasáhl, aby zastavil krvácení.

Buck paced and growled, trying to attack again and again.

Buck přecházel sem a tam a vrčel a pokoušel se znovu a znovu zaútočit.

Only swinging clubs kept him back from reaching Burton.

Pouze hole mu zabránily dosáhnout Burtona.

A miners' meeting was called and held right there on the spot.

Byla svolána a na místě se konala schůze horníků.

They agreed Buck had been provoked and voted to set him free.

Shodli se, že Buck byl vyprovokován, a hlasovali pro jeho propuštění.

But Buck's fierce name now echoed in every camp in Alaska.

Ale Buckovo nelítostné jméno se nyní ozývalo v každém táboře na Aljašce.

Later that fall, Buck saved Thornton again in a new way.

Později téhož podzimu Buck Thorntona znovu zachránil novým způsobem.

The three men were guiding a long boat down rough rapids.

Ti tři muži řídili dlouhý člun po rozbouřených peřejích.

Thornton maned the boat, calling directions to the shoreline.

Thornton řídil loď a volal pokyny k pobřeží.

Hans and Pete ran on land, holding a rope from tree to tree.

Hans a Pete běželi po souši a drželi se za provaz převázaný od stromu ke stromu.

Buck kept pace on the bank, always watching his master.

Buck držel krok na břehu a neustále sledoval svého pána.

At one nasty place, rocks jutted out under the fast water.
Na jednom nepříjemném místě vyčnívaly pod rychlou vodou skály.

Hans let go of the rope, and Thornton steered the boat wide.
Hans pustil lano a Thornton stočil loď do strany.

Hans sprinted to catch the boat again past the dangerous rocks.
Hans sprintoval, aby znovu dohnal loď za nebezpečnými skalami.

The boat cleared the ledge but hit a stronger part of the current.
Loď sice překonala římsu, ale narazila do silnější části proudu.

Hans grabbed the rope too quickly and pulled the boat off balance.
Hans příliš rychle chytil lano a vyvedl loď z rovnováhy.

The boat flipped over and slammed into the bank, bottom up.
Loď se převrátila a narazila dnem vzhůru do břehu.

Thornton was thrown out and swept into the wildest part of the water.
Thorntona vymrštilo a smetlo do nejdivočejší části vody.

No swimmer could have survived in those deadly, racing waters.
Žádný plavec by v těch smrtelně dravých vodách nepřežil.

Buck jumped in instantly and chased his master down the river.
Buck okamžitě skočil a pronásledoval svého pána po řece.

After three hundred yards, he reached Thornton at last.
Po třech stech metrech konečně dorazil k Thorntonu.

Thornton grabbed Buck's tail, and Buck turned for the shore.
Thornton chytil Bucka za ocas a Buck se otočil ke břehu.

He swam with full strength, fighting the water's wild drag.
Plaval z plné síly a bojoval s divokým odporem vody.

They moved downstream faster than they could reach the shore.
Pohybovali se po proudu rychleji, než stačili dosáhnout břehu.

Ahead, the river roared louder as it fell into deadly rapids.
Řeka před nimi hučela hlasitěji, jak se řítila do smrtelně nebezpečných peřejí.

Rocks sliced through the water like the teeth of a huge comb.
Kameny prořezávaly vodu jako zuby obrovského hřebenu.

The pull of the water near the drop was savage and inescapable.
Přitažlivost vody u propadliště byla prudká a nevyhnutelná.

Thornton knew they could never make the shore in time.
Thornton věděl, že se jim nikdy nepodaří dostat se na břeh včas.

He scraped over one rock, smashed across a second,
Škrábal se o jeden kámen, narazil do druhého,

And then he crashed into a third rock, grabbing it with both hands.
A pak narazil do třetí skály a chytil se jí oběma rukama.

He let go of Buck and shouted over the roar, "Go, Buck! Go!"
Pustil Bucka a zakřičel přes řev: „Do toho, Bucku! Do toho!"

Buck could not stay afloat and was swept down by the current.
Buck se neudržel na hladině a byl stržen proudem.

He fought hard, struggling to turn, but made no headway at all.
Zuřivě bojoval, snažil se otočit, ale vůbec se mu nepodařilo pohnout se.

Then he heard Thornton repeat the command over the river's roar.
Pak uslyšel Thorntona, jak opakuje rozkaz přes hukot řeky.

Buck reared out of the water, raised his head as if for a last look.
Buck se vynořil z vody a zvedl hlavu, jako by se na něj naposledy podíval.

then turned and obeyed, swimming toward the bank with resolve.
pak se otočil, poslechl a odhodlaně plaval ke břehu.

Pete and Hans pulled him ashore at the final possible moment.

Pete a Hans ho v poslední možné chvíli vytáhli na břeh.

They knew Thornton could cling to the rock for only minutes more.

Věděli, že Thornton se skály vydrží držet už jen pár minut.

They ran up the bank to a spot far above where he was hanging.

Vyběhli po břehu k místu vysoko nad místem, kde visel.

They tied the boat's line to Buck's neck and shoulders carefully.

Pečlivě přivázali Buckovi k krku a ramenům lano od lodi.

The rope was snug but loose enough for breathing and movement.

Lano bylo pevné, ale dostatečně volné pro dýchání a pohyb.

Then they launched him into the rushing, deadly river again.

Pak ho znovu spustili do zurčící, smrtící řeky.

Buck swam boldly but missed his angle into the stream's force.

Buck plaval odvážně, ale minul svůj úhel a netrefil se do síly proudu.

He saw too late that he was going to drift past Thornton.

Příliš pozdě si uvědomil, že Thorntona mine.

Hans jerked the rope tight, as if Buck were a capsizing boat.

Hans trhl lanem, jako by Buck byl převracející se loď.

The current pulled him under, and he vanished below the surface.

Proud ho stáhl pod hladinu a on zmizel.

His body struck the bank before Hans and Pete pulled him out.

Jeho tělo narazilo do břehu, než ho Hans a Pete vytáhli ven.

He was half-drowned, and they pounded the water out of him.

Byl napůl utonutý a oni z něj vymlátili vodu.

Buck stood, staggered, and collapsed again onto the ground.

Buck vstal, zapotácel se a znovu se zhroutil na zem.

Then they heard Thornton's voice faintly carried by the wind.

Pak uslyšeli Thorntonův hlas slabě unášený větrem.

Though the words were unclear, they knew he was near death.

Ačkoliv slova byla nejasná, věděli, že je blízko smrti.

The sound of Thornton's voice hit Buck like an electric jolt.

Zvuk Thorntonova hlasu zasáhl Bucka jako elektrický šok.

He jumped up and ran up the bank, returning to the launch point.

Vyskočil a běžel po břehu nahoru k místu startu.

Again they tied the rope to Buck, and again he entered the stream.

Znovu přivázali k Buckovi lano a on znovu vstoupil do potoka.

This time, he swam directly and firmly into the rushing water.

Tentokrát plaval přímo a pevně do proudící vody.

Hans let out the rope steadily while Pete kept it from tangling.

Hans pomalu pouštíval lano, zatímco Pete ho bránil v jeho zamotání.

Buck swam hard until he was lined up just above Thornton.

Buck plaval ze všech sil, dokud se nedostal těsně nad Thornton.

Then he turned and charged down like a train in full speed.

Pak se otočil a řítil se dolů jako vlak v plné rychlosti.

Thornton saw him coming, braced, and locked arms around his neck.

Thornton ho uviděl přicházet, připravil se na odpor a objal ho kolem krku.

Hans tied the rope fast around a tree as both were pulled under.

Hans pevně uvázal lano kolem stromu, když byli oba staženi pod zem.

They tumbled underwater, smashing into rocks and river debris.

Padali pod vodu a naráželi do skal a říčních sutin.

One moment Buck was on top, the next Thornton rose gasping.

V jednu chvíli byl Buck nahoře a v další Thornton vstal a zalapal po dechu.

Battered and choking, they veered to the bank and safety.

Zbití a dusící se stočili k břehu a do bezpečí.

Thornton regained consciousness, lying across a drift log.

Thornton se probral a ležel na naplaveném kmeni.

Hans and Pete worked him hard to bring back breath and life.

Hans a Pete tvrdě pracovali na tom, aby mu vrátili dech a život.

His first thought was for Buck, who lay motionless and limp.

Jeho první myšlenka patřila Buckovi, který ležel nehybně a bezvládně.

Nig howled over Buck's body, and Skeet licked his face gently.

Nig zavýjel nad Buckovým tělem a Skeet mu jemně olízl obličej.

Thornton, sore and bruised, examined Buck with careful hands.

Thornton, bolavý a pohmožděný, si Bucka pečlivě prohlédl.

He found three ribs broken, but no deadly wounds in the dog.

Nalezl u psa zlomená tři žebra, ale žádná smrtelná zranění.

"That settles it," Thornton said. "We camp here." And they did.

„Tím je to vyřešeno," řekl Thornton. „Tady táboříme." A taky tábořili.

They stayed until Buck's ribs healed and he could walk again.

Zůstali tam, dokud se Buckovi nezahojila žebra a on znovu nemohl chodit.

That winter, Buck performed a feat that raised his fame further.

Té zimy Buck předvedl čin, který jeho slávu ještě více zvýšil.

It was less heroic than saving Thornton, but just as impressive.

Bylo to méně hrdinské než záchrana Thorntona, ale stejně působivé.

At Dawson, the partners needed supplies for a distant journey.

V Dawsonu potřebovali partneři zásoby na dalekou cestu.

They wanted to travel East, into untouched wilderness lands.

Chtěli cestovat na východ, do nedotčené divočiny.

Buck's deed in the Eldorado Saloon made that trip possible.

Buckův čin v saloonu Eldorado umožnil tuto cestu.

It began with men bragging about their dogs over drinks.

Začalo to tím, že se muži u drinků chlubili svými psy.

Buck's fame made him the target of challenges and doubt.

Buckova sláva z něj udělala terč výzev a pochybností.

Thornton, proud and calm, stood firm in defending Buck's name.

Thornton, hrdý a klidný, pevně hájil Buckovo jméno.

One man said his dog could pull five hundred pounds with ease.

Jeden muž řekl, že jeho pes dokáže s lehkostí utáhnout pět set liber.

Another said six hundred, and a third bragged seven hundred.

Další řekl šest set a třetí se chlubil sedmi sty.

"Pfft!" said John Thornton, "Buck can pull a thousand pound sled."

„Pch!" řekl John Thornton, „Buck utáhne tisícilibrové sáně."

Matthewson, a Bonanza King, leaned forward and challenged him.

Matthewson, král Bonanzy, se naklonil dopředu a vyzval ho.

"You think he can put that much weight into motion?"

„Myslíš, že dokáže uvést do pohybu takovou váhu?"

**"And you think he can pull the weight a full hundred
yards?"**

„A myslíš, že tu váhu dokáže utáhnout celých sto yardů?"

Thornton replied coolly, "Yes. Buck is dog enough to do it."

Thornton chladně odpověděl: „Ano. Buck je dost pes na to,
aby to dokázal."

**"He'll put a thousand pounds into motion, and pull it a
hundred yards."**

„Uvede do pohybu tisíc liber a utáhne to sto yardů."

**Matthewson smiled slowly and made sure all men heard his
words.**

Matthewson se pomalu usmál a ujistil se, že všichni muži
slyšeli jeho slova.

"I've got a thousand dollars that says he can't. There it is."

„Mám vsadit tisíc dolarů, že nemůže. Tady to je."

**He slammed a sack of gold dust the size of sausage on the
bar.**

Práskl o bar pytelem zlatého prachu velikosti klobásy.

**Nobody said a word. The silence grew heavy and tense
around them.**

Nikdo neřekl ani slovo. Ticho kolem nich tížilo a napínalo se.

Thornton's bluff—if it was one—had been taken seriously.

Thorntonův blaf – pokud to vůbec byl blaf – byl brán vážně.

He felt heat rise in his face as blood rushed to his cheeks.

Cítil, jak se mu do tváří hrne horko, jak se mu do tváří hrne
krev.

His tongue had gotten ahead of his reason in that moment.

V tu chvíli jeho jazyk předběhl rozum.

**He truly didn't know if Buck could move a thousand
pounds.**

Opravdu nevěděl, jestli Buck dokáže pohnout tisíci liber.

Half a ton! The size of it alone made his heart feel heavy.

Půl tuny! Už jen ta velikost mu ztěžovala srdce.

**He had faith in Buck's strength and had thought him
capable.**

Věřil v Buckovu sílu a považoval ho za schopného.

But he had never faced this kind of challenge, not like this.

Ale nikdy předtím nečelil takové výzvě, ne takovéhle.

A dozen men watched him quietly, waiting to see what he'd do.

Tucet mužů ho tiše pozorovalo a čekalo, co udělá.

He didn't have the money—neither did Hans or Pete.

Neměl peníze – ani Hans, ani Pete.

"I've got a sled outside," said Matthewson coldly and direct.

„Mám venku sáně," řekl Matthewson chladně a přímočaře.

"It's loaded with twenty sacks, fifty pounds each, all flour.

„Je naloženo dvaceti pytli, každý o hmotnosti padesáti liber, samá mouka."

So don't let a missing sled be your excuse now," he added.

„Takže teď nenechte chybějící saně být vaší výmluvou," dodal.

Thornton stood silent. He didn't know what words to offer.

Thornton mlčel. Nevěděl, jaká slova by měl říct.

He looked around at the faces without seeing them clearly.

Rozhlédl se po tvářích, ale neviděl je jasně.

He looked like a man frozen in thought, trying to restart.

Vypadal jako muž ztuhlý v myšlenkách, který se snaží znovu nastartovat.

Then he saw Jim O'Brien, a friend from the Mastodon days.

Pak uviděl Jima O'Briena, přítele z dob Mastodonta.

That familiar face gave him courage he didn't know he had.

Ta známá tvář mu dodala odvahu, o které ani nevěděl, že ji má.

He turned and asked in a low voice, "Can you lend me a thousand?"

Otočil se a tiše se zeptal: „Můžete mi půjčit tisíc?"

"Sure," said O'Brien, dropping a heavy sack by the gold already.

„Jasně," řekl O'Brien a už u zlata pustil těžký pytel.

"But truthfully, John, I don't believe the beast can do this."

„Ale upřímně, Johne, nevěřím, že by tohle ta bestie dokázala."

Everyone in the Eldorado Saloon rushed outside to see the event.

Všichni v saloonu Eldorado se vyhrnuli ven, aby se na událost podívali.

They left tables and drinks, and even the games were paused.

Opustili stoly a nápoje a dokonce i hry byly pozastaveny.

Dealers and gamblers came to witness the bold wager's end.

Krupiéři a hazardní hráči se přišli podívat na konec odvážné sázky.

Hundreds gathered around the sled in the icy open street.

Stovky lidí se shromáždily kolem saní na zledovatělé otevřené ulici.

Matthewson's sled stood with a full load of flour sacks.

Matthewsonovy sáně stály plné pytlů mouky.

The sled had been sitting for hours in minus temperatures.

Sáně stály hodiny v mínusových teplotách.

The sled's runners were frozen tight to the packed-down snow.

Běžce saní byly pevně přimrzlé k udusanému sněhu.

Men offered two-to-one odds that Buck could not move the sled.

Muži vsadili dva ku jedné, že Buck nedokáže pohnout saněmi.

A dispute broke out about what "break out" really meant.

Vypukl spor o to, co slovo „vybuchnout" skutečně znamená.

O'Brien said Thornton should loosen the sled's frozen base.

O'Brien řekl, že Thornton by měl uvolnit zamrzlou základnu saní.

Buck could then "break out" from a solid, motionless start.

Buck se pak mohl „prorazit" z pevného, nehybného startu.

Matthewson argued the dog must break the runners free too.

Matthewson argumentoval, že pes musí také osvobodit běžce.

The men who had heard the bet agreed with Matthewson's view.

Muži, kteří sázku slyšeli, souhlasili s Matthewsonovým názorem.

With that ruling, the odds jumped to three-to-one against Buck.

S tímto rozhodnutím se kurz zvýšil na tři ku jedné proti
Buckovi.

**No one stepped forward to take the growing three-to-one
odds.**

Nikdo se nepostavil dopředu, aby využil rostoucího kurzu tři
ku jedné.

Not a single man believed Buck could perform the great feat.

Ani jeden muž nevěřil, že Buck dokáže takový velký čin.

Thornton had been rushed into the bet, heavy with doubts.

Thorntona do sázky vtáhli spěchaně, zahlceného
pochybnostmi.

Now he looked at the sled and the ten-dog team beside it.

Teď se podíval na sáně a desetipsí spřežení vedle nich.

Seeing the reality of the task made it seem more impossible.

Skutečnost, s jakou se úkol potýkal, ho ještě více ztěžovala.

**Matthewson was full of pride and confidence in that
moment.**

Matthewson byl v tu chvíli plný hrdosti a sebevědomí.

**"Three to one!" he shouted. "I'll bet another thousand,
Thornton!**

„Tři ku jedné!" křičel. „Vsadím se na další tisíc, Thorntone!"

What do you say?" he added, loud enough for all to hear.

„Co říkáš?" dodal dostatečně hlasitě, aby ho všichni slyšeli.

Thornton's face showed his doubts, but his spirit had risen.

Thorntonova tvář prozrazovala pochybnosti, ale jeho duch se
povznesl.

That fighting spirit ignored odds and feared nothing at all.

Ten bojovný duch ignoroval překážky a nebál se vůbec
ničeho.

He called Hans and Pete to bring all their cash to the table.

Zavolal Hanse a Peta, aby přinesli všechny své peníze ke
stolu.

They had little left—only two hundred dollars combined.

Zbývalo jim málo – dohromady jen dvě stě dolarů.

This small sum was their total fortune during hard times.

Tato malá částka představovala jejich celkové jmění v těžkých
časech.

Still, they laid all of the fortune down against Matthewson's bet.

Přesto vsadili veškeré jmění proti Matthewsonově sázce.

The ten-dog team was unhitched and moved away from the sled.

Desetipsí spřežení bylo odvázáno a od saní se vzdálilo.

Buck was placed in the reins, wearing his familiar harness.

Buck byl posazen do otěží a měl na sobě svůj známý postroj.

He had caught the energy of the crowd and felt the tension.

Zachytil energii davu a cítil napětí.

Somehow, he knew he had to do something for John Thornton.

Nějak věděl, že pro Johna Thorntona musí něco udělat.

People murmured with admiration at the dog's proud figure.

Lidé s obdivem šeptali nad psí hrdou postavou.

He was lean and strong, without a single extra ounce of flesh.

Byl štíhlý a silný, bez jediné unce masa navíc.

His full weight of hundred fifty pounds was all power and endurance.

Jeho celková váha sto padesáti liber byla v podstatě síla a vytrvalost.

Buck's coat gleamed like silk, thick with health and strength.

Buckův kabát se třpytil jako hedvábí, hustý zdravím a silou.

The fur along his neck and shoulders seemed to lift and bristle.

Srst na krku a ramenou se mu zježila a naježila.

His mane moved slightly, each hair alive with his great energy.

Jeho hříva se lehce pohnula, každý vlas ožil jeho obrovskou energií.

His broad chest and strong legs matched his heavy, tough frame.

Jeho široký hrudník a silné nohy ladily s jeho mohutnou, robustní postavou.

Muscles rippled under his coat, tight and firm as bound iron.

Svaly pod jeho kabátem se vlnily, napjaté a pevné jako spoutané železo.

Men touched him and swore he was built like a steel machine.

Muži se ho dotýkali a přísahali, že je stavěný jako ocelový stroj.

The odds dropped slightly to two to one against the great dog.

Kurz mírně klesl na dva ku jedné proti skvělému psu.

A man from the Skookum Benches pushed forward, stuttering.

Muž ze Skookumových laviček se s koktáním protlačil vpřed.

"Good, sir! I offer eight hundred for him—before the test, sir!"

„Dobře, pane! Nabízím za něj osm set – ještě před zkouškou, pane!"

"Eight hundred, as he stands right now!" the man insisted.

„Osm set, jak teď stojí!" trval na svém muž.

Thornton stepped forward, smiled, and shook his head calmly.

Thornton vystoupil vpřed, usmál se a klidně zavrtěl hlavou.

Matthewson quickly stepped in with a warning voice and frown.

Matthewson rychle vstoupil varovným hlasem a zamračil se.

"You must step away from him," he said. "Give him space."

„Musíš od něj ustoupit," řekl. „Dej mu prostor."

The crowd grew silent; only gamblers still offered two to one.

Dav ztichl; jen hazardní hráči stále sázeli dva ku jedné.

Everyone admired Buck's build, but the load looked too great.

Všichni obdivovali Buckovu stavbu těla, ale náklad vypadal příliš velký.

Twenty sacks of flour—each fifty pounds in weight— seemed far too much.

Dvacet pytlů mouky – každý o hmotnosti padesáti liber – se zdálo příliš mnoho.

No one was willing to open their pouch and risk their money.

Nikdo nebyl ochoten otevřít váček a riskovat své peníze.

Thornton knelt beside Buck and took his head in both hands.

Thornton si klekl vedle Bucka a vzal mu hlavu do obou dlaní.

He pressed his cheek against Buck's and spoke into his ear.

Přitiskl tvář k Buckově a promluvil mu do ucha.

There was no playful shaking or whispered loving insults now.

Teď už se neozvalo žádné hravé třásání ani šeptání láskyplných urážek.

He only murmured softly, "As much as you love me, Buck."

Jen tiše zamumlal: „Stejně jako mě miluješ, Bucku."

Buck let out a quiet whine, his eagerness barely restrained.

Buck tiše zakňučel, sotva potlačoval svou dychtivost.

The onlookers watched with curiosity as tension filled the air.

Přihlížející se zvědavostí sledovali, jak se vzduchem šíří napětí.

The moment felt almost unreal, like something beyond reason.

Ten okamžik se zdál téměř neskutečný, jako něco nerozumného.

When Thornton stood, Buck gently took his hand in his jaws.

Když Thornton vstal, Buck mu jemně vzal ruku do čelistí.

He pressed down with his teeth, then let go slowly and gently.

Zatlačil zuby a pak pomalu a jemně pustil.

It was a silent answer of love, not spoken, but understood.

Byla to tichá odpověď lásky, ne vyřčená, ale pochopená.

Thornton stepped well back from the dog and gave the signal.

Thornton ustoupil daleko od psa a dal znamení.

"Now, Buck," he said, and Buck responded with focused calm.

"Tak, Bucku," řekl a Buck odpověděl se soustředěným klidem.

Buck tightened the traces, then loosened them by a few inches.

Buck utáhl popruhy a pak je o pár centimetrů povolil.

This was the method he had learned; his way to break the sled.

Tohle byla metoda, kterou se naučil; jeho způsob, jak rozbít sáně.

"Gee!" Thornton shouted, his voice sharp in the heavy silence.

"Páni!" vykřikl Thornton ostrým hlasem v těžkém tichu.

Buck turned to the right and lunged with all of his weight.

Buck se otočil doprava a celou svou vahou se vrhl dovnitř.

The slack vanished, and Buck's full mass hit the tight traces.

Vůle zmizela a Buckova celá hmotnost dopadla na úzké kolejnice.

The sled trembled, and the runners made a crisp crackling sound.

Sáně se třásly a jezdce vydávaly ostrý praskavý zvuk.

"Haw!" Thornton commanded, shifting Buck's direction again.

"Há!" zavelel Thornton a znovu změnil Buckův směr.

Buck repeated the move, this time pulling sharply to the left.

Buck zopakoval pohyb, tentokrát prudce zatáhl doleva.

The sled cracked louder, the runners snapping and shifting.

Sáně praskaly hlasitěji, kluzáky cvakaly a posouvaly se.

The heavy load slid slightly sideways across the frozen snow.

Těžký náklad se mírně posouval do strany po zmrzlém sněhu.

The sled had broken free from the grip of the icy trail!

Sáně se vytrhly ze sevření zledovatělé stezky!

Men held their breath, unaware they were not even breathing.

Muži zadržovali dech, aniž by si uvědomovali, že ani nedýchají.

"Now, PULL!" Thornton cried out across the frozen silence.

„A teď TAHNI!" zvolal Thornton mrazivým tichem.

Thornton's command rang out sharp, like the crack of a whip.

Thorntonův rozkaz zazněl ostře, jako prásknutí bičem.

Buck hurled himself forward with a fierce and jarring lunge.

Buck se prudkým a prudkým výpadem vrhl vpřed.

His whole frame tensed and bunched for the massive strain.

Celé jeho tělo se napjalo a shrblo při vypětí všech sil.

Muscles rippled under his fur like serpents coming alive.

Svaly se mu pod srstí vlnily jako ožívající hadi.

His great chest was low, head stretched forward toward the sled.

Jeho mohutná hruď byla nízká, hlava natažená dopředu k saním.

His paws moved like lightning, claws slicing the frozen ground.

Jeho tlapky se pohybovaly jako blesk, drápy řezaly do zmrzlé země.

Grooves were cut deep as he fought for every inch of traction.

Drážky se mu vyřezávaly hluboko, zatímco bojoval o každý centimetr trakce.

The sled rocked, trembled, and began a slow, uneasy motion.

Sáně se zakymácely, chvěly a začaly se pomalu a nejistě pohybovat.

One foot slipped, and a man in the crowd groaned aloud.

Jedna noha mu uklouzla a muž v davu hlasitě zasténal.

Then the sled lunged forward in a jerking, rough movement.

Pak se sáně trhavým, drsným pohybem vrhly vpřed.

It didn't stop again—half an inch...an inch...two inches more.

Znovu se to nezastavilo – o půl palce… o palec… o dva palce víc.

The jerks became smaller as the sled began to gather speed.

Trhání se zmenšovalo, jak sáně začaly nabírat rychlost.

Soon Buck was pulling with smooth, even, rolling power.

Buck brzy táhl s hladkou, rovnoměrnou a valivou silou.

Men gasped and finally remembered to breathe again.

Muži zalapali po dechu a konečně si vzpomněli, že se mají znovu nadechnout.

They had not noticed their breath had stopped in awe.

Nevšimli si, že se jim úžasem zastavil dech.

Thornton ran behind, calling out short, cheerful commands.

Thornton běžel za ním a vykřikoval krátké, veselé povely.

Ahead was a stack of firewood that marked the distance.

Před námi byla hromada dříví, která označovala vzdálenost.

As Buck neared the pile, the cheering grew louder and louder.

Jak se Buck blížil k hromadě, jásot byl stále hlasitější a hlasitější.

The cheering swelled into a roar as Buck passed the end point.

Jásot přerostl v řev, když Buck prošel konečnou stanicí.

Men jumped and shouted, even Matthewson broke into a grin.

Muži skákali a křičeli, dokonce i Matthewson se usmál.

Hats flew into the air, mittens were tossed without thought or aim.

Klobouky létaly do vzduchu, palčáky byly bezmyšlenkovitě a bezcílně pohazovány.

Men grabbed each other and shook hands without knowing who.

Muži se navzájem chytili a potřásli si rukama, aniž by věděli komu.

The whole crowd buzzed in wild, joyful celebration.

Celý dav bzučel divokou, radostnou oslavou.

Thornton dropped to his knees beside Buck with trembling hands.

Thornton klesl s třesoucíma se rukama na kolena vedle Bucka.

He pressed his head to Buck's and shook him gently back and forth.

Přitiskl hlavu k Buckově a jemně s ním zatřásl sem a tam.

Those who approached heard him curse the dog with quiet love.

Ti, kdo se přiblížili, ho slyšeli, jak s tichou láskou psa proklínal.

He swore at Buck for a long time — softly, warmly, with emotion.

Dlouho Bucka zaklel – tiše, vřele, s dojetím.

"Good, sir! Good, sir!" cried the Skookum Bench king in a rush.

„Výborně, pane! Výborně, pane!" zvolal spěšně král Skookumské lavičky.

"I'll give you a thousand — no, twelve hundred — for that dog, sir!"

„Dám vám za toho psa tisíc – ne, dvanáct set – pane!"

Thornton rose slowly to his feet, his eyes shining with emotion.

Thornton se pomalu zvedl na nohy, oči mu zářily emocemi.

Tears streamed openly down his cheeks without any shame.

Slzy mu stékaly po tvářích proudem, aniž by se za to styděl.

"Sir," he said to the Skookum Bench king, steady and firm

„Pane," řekl králi Skookumské lavičky klidně a pevně

"No, sir. You can go to hell, sir. That's my final answer."

„Ne, pane. Můžete jít do pekla, pane. To je moje konečná odpověď."

Buck grabbed Thornton's hand gently in his strong jaws.

Buck jemně chytil Thorntonovu ruku do svých silných čelistí.

Thornton shook him playfully, their bond deep as ever.

Thornton s ním hravě zatřásl, jejich pouto bylo hluboké jako vždy.

The crowd, moved by the moment, stepped back in silence.

Dav, dojat okamžikem, mlčky ustoupil.

From then on, none dared interrupt such sacred affection.

Od té doby se nikdo neodvážil přerušit tuto posvátnou náklonnost.

The Sound of the Call
Zvuk volání

Buck had earned sixteen hundred dollars in five minutes.
Buck si za pět minut vydělal šestnáct set dolarů.
The money let John Thornton pay off some of his debts.
Peníze umožnily Johnu Thorntonovi splatit část jeho dluhů.
With the rest of the money he headed East with his partners.
Se zbytkem peněz se se svými partnery vydal na východ.
They sought a fabled lost mine, as old as the country itself.
Hledali bájný ztracený důl, starý jako samotná země.
Many men had looked for the mine, but few had ever found it.
Mnoho mužů hledalo důl, ale jen málokdo ho našel.
More than a few men had vanished during the dangerous quest.
Během nebezpečné výpravy zmizelo více než několik mužů.
This lost mine was wrapped in both mystery and old tragedy.
Tento ztracený důl byl zahalen záhadou i starou tragédií.
No one knew who the first man to find the mine had been.
Nikdo nevěděl, kdo byl prvním mužem, který důl objevil.
The oldest stories don't mention anyone by name.
Nejstarší příběhy nezmiňují nikoho jménem.
There had always been an ancient ramshackle cabin there.
Vždycky tam stávala stará zchátralá chata.
Dying men had sworn there was a mine next to that old cabin.
Umírající muži přísahali, že vedle té staré chaty je důl.
They proved their stories with gold like none found elsewhere.
Své příběhy dokázali zlatem, jaké se jinde nenajde.
No living soul had ever looted the treasure from that place.
Nikdo živý nikdy poklad z toho místa neukradl.
The dead were dead, and dead men tell no tales.
Mrtví byli mrtví a mrtví muži nevyprávějí žádné příběhy.
So Thornton and his friends headed into the East.

Thornton a jeho přátelé se tedy vydali na Východ.

Pete and Hans joined, bringing Buck and six strong dogs.
Pete a Hans se přidali a přivedli Bucka a šest silných psů.

They set off down an unknown trail where others had failed.
Vydali se neznámou cestou, kde jiní selhali.

They sledded seventy miles up the frozen Yukon River.
Sáňkovali sedmdesát mil proti proudu zamrzlé řeky Yukon.

They turned left and followed the trail into the Stewart.
Odbočili doleva a šli po stezce do řeky Stewart.

They passed the Mayo and McQuestion, pressing farther on.
Minuli Mayo a McQuestion a pokračovali dál.

The Stewart shrank into a stream, threading jagged peaks.
Řeka Stewart se zmenšila do potoka, vinoucího se mezi rozeklanými vrcholky.

These sharp peaks marked the very spine of the continent.
Tyto ostré vrcholy označovaly samotnou páteř kontinentu.

John Thornton demanded little from men or the wild land.
John Thornton od mužů i divočiny málo požadoval.

He feared nothing in nature and faced the wild with ease.
V přírodě se ničeho nebál a divočině čelil s lehkostí.

With only salt and a rifle, he could travel where he wished.
Jen se solí a puškou mohl cestovat, kam chtěl.

Like the natives, he hunted food while he journeyed along.
Stejně jako domorodci lovil potravu během své cesty.

If he caught nothing, he kept going, trusting luck ahead.
Pokud nic nechytil, pokračoval dál a důvěřoval štěstí.

On this long journey, meat was the main thing they ate.
Na této dlouhé cestě jedli hlavně maso.

The sled held tools and ammo, but no strict timetable.
Saně nesly nářadí a munici, ale žádný přísný časový harmonogram nebyl stanoven.

Buck loved this wandering; the endless hunt and fishing.
Buck miloval toto putování; nekonečný lov a rybaření.

For weeks they were traveling day after steady day.
Týdny cestovali den za dnem.

Other times they made camps and stayed still for weeks.

Jindy si postavili tábory a zůstávali v klidu celé týdny.

The dogs rested while the men dug through frozen dirt.

Psi odpočívali, zatímco muži se prohrabávali zmrzlou hlínou.

They warmed pans over fires and searched for hidden gold.

Ohřívali pánve na ohni a hledali skryté zlato.

Some days they starved, and some days they had feasts.

Některé dny hladověli a některé dny měli hostiny.

Their meals depended on the game and the luck of the hunt.

Jejich jídlo záviselo na zvěři a štěstí při lovu.

When summer came, men and dogs packed loads on their backs.

Když přišlo léto, muži a psi si naložili na záda náklady.

They rafted across blue lakes hidden in mountain forests.

Splavovali modré jezera skryté v horských lesích na raftech.

They sailed slim boats on rivers no man had ever mapped.

Pluli na štíhlých člunech po řekách, které ještě nikdo nezmapoval.

Those boats were built from trees they sawed in the wild.

Ty lodě byly postaveny ze stromů, které řezali ve volné přírodě.

The months passed, and they twisted through the wild unknown lands.

Měsíce plynuly a oni se klikatili divokými neznámými kraji.

There were no men there, yet old traces hinted that men had been.

Nebyli tam žádní muži, přesto staré stopy naznačovaly, že tam muži byli.

If the Lost Cabin was real, then others had once come this way.

Pokud Ztracená chata existovala, pak tudy kdysi prošli i jiní.

They crossed high passes in blizzards, even during the summer.

Překračovali vysoké průsmyky ve vánicích, a to i v létě.

They shivered under the midnight sun on bare mountain slopes.

Třásli se pod půlnočním sluncem na holých horských svazích.

Between the treeline and the snowfields, they climbed slowly.
Mezi hranicí lesa a sněhovými poli pomalu stoupali.
In warm valleys, they swatted at clouds of gnats and flies.
V teplých údolích odháněli mraky komárů a much.
They picked sweet berries near glaciers in full summer bloom.
Sbírali sladké bobule poblíž ledovců v plném letním květu.
The flowers they found were as lovely as those in the Southland.
Květiny, které našli, byly stejně krásné jako ty v Jihu.
That fall they reached a lonely region filled with silent lakes.
Toho podzimu dorazili do opuštěné oblasti plné tichých jezer.
The land was sad and empty, once alive with birds and beasts.
Země byla smutná a prázdná, kdysi plná ptáků a zvířat.
Now there was no life, just the wind and ice forming in pools.
Teď už tam nebyl žádný život, jen vítr a led tvořivý v tůních.
Waves lapped against empty shores with a soft, mournful sound.
Vlny se s tichým, truchlivým zvukem tříštily o prázdné břehy.

Another winter came, and they followed faint, old trails again.
Přišla další zima a oni se opět vydali po slabých, starých stezkách.
These were the trails of men who had searched long before them.
To byly stezky mužů, kteří hledali dávno před nimi.
Once they found a path cut deep into the dark forest.
Jednou našli stezku vytesanou hluboko do temného lesa.
It was an old trail, and they felt the lost cabin was close.
Byla to stará stezka a měli pocit, že ztracená chata je blízko.
But the trail led nowhere and faded into the thick woods.
Ale stezka nikam nevedla a mizela v hustém lese.

Whoever made the trail, and why they made it, no one knew.

Kdokoli stezku vybudoval a proč ji vybudoval, nikdo nevěděl.

Later, they found the wreck of a lodge hidden among the trees.

Později našli mezi stromy ukrytou trosku chaty.

Rotting blankets lay scattered where someone once had slept.

Tam, kde kdysi někdo spal, ležely rozházené tlející deky.

John Thornton found a long-barreled flintlock buried inside.

John Thornton našel uvnitř zakopanou křesadlovou zbraň s dlouhou hlavní.

He knew this was a Hudson Bay gun from early trading days.

Věděl, že se jedná o dělo z Hudsonova zálivu, už z raných dob obchodování.

In those days such guns were traded for stacks of beaver skins.

V těch dobách se takové zbraně vyměňovaly za hromady bobřích kůží.

That was all—no clue remained of the man who built the lodge.

To bylo vše – nezůstala žádná stopa po muži, který chatu postavil.

Spring came again, and they found no sign of the Lost Cabin.

Jaro přišlo znovu a po Ztracené chatě nenašli ani stopu.

Instead they found a broad valley with a shallow stream.

Místo toho našli široké údolí s mělkým potokem.

Gold lay across the pan bottoms like smooth, yellow butter.

Zlato leželo na dně pánve jako hladké, žluté máslo.

They stopped there and searched no farther for the cabin.

Zastavili se tam a dál chatu nehledali.

Each day they worked and found thousands in gold dust.

Každý den pracovali a našli tisíce ve zlatém prachu.

They packed the gold in bags of moose-hide, fifty pounds each.

Zlato balili do pytlů z losí kůže, každý o hmotnosti padesáti liber.

The bags were stacked like firewood outside their small lodge.

Pytle byly naskládány jako dříví před jejich malou chatkou.

They worked like giants, and the days passed like quick dreams.

Pracovali jako obři a dny ubíhaly jako rychlé sny.

They heaped up treasure as the endless days rolled swiftly by.

Hromadili poklady, zatímco nekonečné dny rychle ubíhaly.

There was little for the dogs to do except haul meat now and then.

Psi neměli moc co dělat, kromě toho, že občas tahali maso.

Thornton hunted and killed the game, and Buck lay by the fire.

Thornton lovil a zabíjel zvěř a Buck ležel u ohně.

He spent long hours in silence, lost in thought and memory.

Trávil dlouhé hodiny v tichu, ztracen v myšlenkách a vzpomínkách.

The image of the hairy man came more often into Buck's mind.

Obraz chlupatého muže se Buckovi stále častěji vybavoval.

Now that work was scarce, Buck dreamed while blinking at the fire.

Teď, když bylo práce málo, Buck snil a mrkal do ohně.

In those dreams, Buck wandered with the man in another world.

V těch snech se Buck s mužem toulal v jiném světě.

Fear seemed the strongest feeling in that distant world.

Strach se zdál být nejsilnějším pocitem v tom vzdáleném světě.

Buck saw the hairy man sleep with his head bowed low.

Buck viděl chlupatého muže spát se skloněnou hlavou.

His hands were clasped, and his sleep was restless and broken.

Měl sepjaté ruce a spánek neklidný a přerušovaný.

He used to wake with a start and stare fearfully into the dark.

S trhnutím se probouzel a s hrůzou zíral do tmy.

Then he'd toss more wood onto the fire to keep the flame bright.

Pak přihodil do ohně další dřevo, aby plameny jasně hořely.

Sometimes they walked along a beach by a gray, endless sea.

Někdy se procházeli po pláži u šedého, nekonečného moře.

The hairy man picked shellfish and ate them as he walked.

Chlupatý muž sbíral korýše a jedl je za pochodu.

His eyes searched always for hidden dangers in the shadows.

Jeho oči neustále hledaly skrytá nebezpečí ve stínech.

His legs were always ready to sprint at the first sign of threat.

Jeho nohy byly vždy připravené k útěku při prvním náznaku ohrožení.

They crept through the forest, silent and wary, side by side.

Plížili se lesem, tiší a ostražití, bok po boku.

Buck followed at his heels, and both of them stayed alert.

Buck ho následoval v patách a oba zůstali ve střehu.

Their ears twitched and moved, their noses sniffed the air.

Uši se jim škubaly a hýbaly, nosy čichaly vzduch.

The man could hear and smell the forest as sharply as Buck.

Muž slyšel a cítil les stejně ostře jako Buck.

The hairy man swung through the trees with sudden speed.

Chlupatý muž se s náhlou rychlostí prohnal mezi stromy.

He leapt from branch to branch, never missing his grip.

Skákal z větve na větev a nikdy se nenechal unést.

He moved as fast above the ground as he did upon it.

Pohyboval se nad zemí stejně rychle jako po ní.

Buck remembered long nights beneath the trees, keeping watch.

Buck si vzpomněl na dlouhé noci pod stromy, kdy hlídal.

The man slept roosting in the branches, clinging tight.

Muž spal schoulený ve větvích a pevně se jich držel.

This vision of the hairy man was tied closely to the deep call.

Tato vize chlupatého muže byla úzce spjata s hlubokým voláním.

The call still sounded through the forest with haunting force.

Volání stále znělo lesem s děsivou silou.

The call filled Buck with longing and a restless sense of joy.

Hovor naplnil Bucka touhou a neklidným pocitem radosti.

He felt strange urges and stirrings that he could not name.

Cítil zvláštní nutkání a podněty, které nedokázal pojmenovat.

Sometimes he followed the call deep into the quiet woods.

Někdy následoval volání hluboko do tichého lesa.

He searched for the calling, barking softly or sharply as he went.

Hledal volání a cestou štěkal tiše nebo ostře.

He sniffed the moss and black soil where the grasses grew.

Čichal k mechu a černé půdě, kde rostly trávy.

He snorted with delight at the rich smells of the deep earth.

S potěšením si odfrkl nad bohatou vůní hlubin země.

He crouched for hours behind trunks covered in fungus.

Hodiny se krčil za kmeny pokrytými houbami.

He stayed still, listening wide-eyed to every tiny sound.

Zůstal bez hnutí a s vytřeštěnýma očima naslouchal každému sebemenšímu zvuku.

He may have hoped to surprise the thing that gave the call.

Možná doufal, že překvapí tu věc, která zavolala.

He did not know why he acted this way—he simply did.

Nevěděl, proč se tak chová – prostě se choval.

The urges came from deep within, beyond thought or reason.

Touhy vycházely z hloubi nitra, zpoza myšlení nebo rozumu.

Irresistible urges took hold of Buck without warning or reason.

Bucka se bez varování a bezdůvodně zmocnily neodolatelné nutkání.

At times he was dozing lazily in camp under the midday heat.

Občas lenivě dřímal v táboře v poledním horku.

Suddenly, his head lifted and his ears shoot up alert.

Najednou zvedl hlavu a nastražil uši.

Then he sprang up and dash into the wild without pause.

Pak vyskočil a bez zaváhání se rozběhl do divočiny.

He ran for hours through forest paths and open spaces.

Běhal celé hodiny lesními cestami a otevřenými prostranstvími.

He loved to follow dry creek beds and spy on birds in the trees.

Rád sledoval vyschlá koryta potoků a pozoroval ptáky ve stromech.

He could lie hidden all day, watching partridges strut around.

Mohl by ležet schovaný celý den a pozorovat koroptve, jak se procházejí kolem.

They drummed and marched, unaware of Buck's still presence.

Bubnovali a pochodovali, aniž by si uvědomovali Buckovu stále přítomnou přítomnost.

But what he loved most was running at twilight in summer.

Ale nejvíc miloval běhání za soumraku v létě.

The dim light and sleepy forest sounds filled him with joy.

Tlumené světlo a ospalé lesní zvuky ho naplňovaly radostí.

He read the forest signs as clearly as a man reads a book.

Četl lesní cedule stejně jasně, jako člověk čte knihu.

And he searched always for the strange thing that called him.

A neustále hledal tu podivnou věc, která ho volala.

That calling never stopped—it reached him waking or sleeping.

To volání nikdy nepřestávalo – doléhalo k němu, ať už byl vzhůru, nebo spal.

One night, he woke with a start, eyes sharp and ears high.

Jednou v noci se s trhnutím probudil, s bystrýma očima a nastraženýma ušima.

His nostrils twitched as his mane stood bristling in waves.

Nozdry se mu škubaly, když se mu hříva ježila ve vlnách.

From deep in the forest came the sound again, the old call.

Z hlubin lesa se znovu ozval zvuk, to staré volání.

This time the sound rang clearly, a long, haunting, familiar howl.

Tentokrát zvuk zazněl jasně, dlouhé, pronikavé, známé vytí.

It was like a husky's cry, but strange and wild in tone.

Bylo to jako křik chraplavého psa, ale podivného a divokého tónu.

Buck knew the sound at once — he had heard the exact sound long ago.

Buck ten zvuk poznal hned – přesně ten samý zvuk slyšel už dávno.

He leapt through camp and vanished swiftly into the woods.

Proskočil táborem a rychle zmizel v lese.

As he neared the sound, he slowed and moved with care.

Jak se blížil k zvuku, zpomalil a pohyboval se opatrně.

Soon he reached a clearing between thick pine trees.

Brzy dorazil na mýtinu mezi hustými borovicemi.

There, upright on its haunches, sat a tall, lean timber wolf.

Tam, vzpřímeně na zadek, seděl vysoký, štíhlý lesní vlk.

The wolf's nose pointed skyward, still echoing the call.

Vlčí čumák směřoval k nebi a stále se ozýval ozvěnou volání.

Buck had made no sound, yet the wolf stopped and listened.

Buck nevydal ani hlásku, přesto se vlk zastavil a naslouchal.

Sensing something, the wolf tensed, searching the darkness.

Vlk něco vycítil, napjal se a prohledával tmu.

Buck crept into view, body low, feet quiet on the ground.

Buck se vplížil do zorného pole, tělo při zemi, nohy tiše stály na zemi.

His tail was straight, his body coiled tight with tension.

Ocas měl rovný a tělo napjaté napětím.

He showed both threat and a kind of rough friendship.

Projevoval zároveň hrozbu i jakési drsné přátelství.

It was the wary greeting shared by beasts of the wild.
Byl to ostražitý pozdrav, jaký sdílejí divoká zvířata.
But the wolf turned and fled as soon as it saw Buck.
Ale vlk se otočil a utekl, jakmile spatřil Bucka.
Buck gave chase, leaping wildly, eager to overtake it.
Buck se dal za ním, divoce poskakoval a dychtivě ho dohonil.
He followed the wolf into a dry creek blocked by a timber jam.
Následoval vlka do vyschlého potoka zablokovaného dřevěným závalem.
Cornered, the wolf spun around and stood its ground.
Zahnaný do kouta, vlk se otočil a zůstal stát na místě.
The wolf snarled and snapped like a trapped husky dog in a fight.
Vlk vrčel a štěkal jako chycený husky v boji.
The wolf's teeth clicked fast, its body bristling with wild fury.
Vlčí zuby rychle cvakaly a jeho tělo se ježilo divokou zuřivostí.
Buck did not attack but circled the wolf with careful friendliness.
Buck nezaútočil, ale s opatrnou a přátelskou péčí vlka obešel.
He tried to block his escape by slow, harmless movements.
Snažil se mu zabránit v útěku pomalými, neškodnými pohyby.
The wolf was wary and scared—Buck outweighed him three times.
Vlk byl ostražitý a vyděšený – Buck ho třikrát převažoval.
The wolf's head barely reached up to Buck's massive shoulder.
Vlčí hlava sotva dosahovala Buckovi k mohutnému rameni.
Watching for a gap, the wolf bolted and the chase began again.
Vlk hledal mezeru, dal se na útěk a honička se znovu rozpoutala.
Several times Buck cornered him, and the dance repeated.
Buck ho několikrát zahnal do kouta a tanec se opakoval.

The wolf was thin and weak, or Buck could not have caught him.

Vlk byl hubený a slabý, jinak by ho Buck nemohl chytit.

Each time Buck drew near, the wolf spun and faced him in fear.

Pokaždé, když se Buck přiblížil, vlk se otočil a s hrůzou se k němu postavil.

Then at the first chance, he dashed off into the woods once more.

Pak se při první příležitosti znovu rozběhl do lesa.

But Buck did not give up, and finally the wolf came to trust him.

Ale Buck se nevzdal a vlk mu nakonec začal důvěřovat.

He sniffed Buck's nose, and the two grew playful and alert.

Čichl Buckovi k nosu a oba si hravě začali hrát a byli ostražití.

They played like wild animals, fierce yet shy in their joy.

Hráli si jako divoká zvířata, divocí, ale zároveň plachí ve své radosti.

After a while, the wolf trotted off with calm purpose.

Po chvíli vlk s klidným a odhodlaným úmyslem odklusal pryč.

He clearly showed Buck that he meant to be followed.

Jasně Buckovi ukázal, že má v úmyslu být sledován.

They ran side by side through the twilight gloom.

Běželi bok po boku šerem soumraku.

They followed the creek bed up into the rocky gorge.

Sledovali koryto potoka vzhůru do skalnaté rokle.

They crossed a cold divide where the stream had begun.

Překročili chladnou předěl, kde pramenil potok.

On the far slope they found wide forest and many streams.

Na protějším svahu našli rozlehlý les a mnoho potoků.

Through this vast land, they ran for hours without stopping.

Touto rozlehlou zemí běželi celé hodiny bez zastavení.

The sun rose higher, the air grew warm, but they ran on.

Slunce stoupalo výš, vzduch se oteploval, ale oni běželi dál.

Buck was filled with joy—he knew he was answering his calling.

Bucka naplňovala radost – věděl, že odpovídá na své volání.

He ran beside his forest brother, closer to the call's source.

Běžel vedle svého lesního bratra, blíž ke zdroji volání.

Old feelings returned, powerful and hard to ignore.

Staré city se vrátily, silné a těžko ignorovatelné.

These were the truths behind the memories from his dreams.

To byly pravdy skryté za vzpomínkami z jeho snů.

He had done all this before in a distant and shadowy world.

Tohle všechno už předtím dělal ve vzdáleném a temném světě.

Now he did this again, running wild with the open sky above.

Teď to udělal znovu, divoce pobíhal pod širým nebem nad sebou.

They stopped at a stream to drink from the cold flowing water.

Zastavili se u potoka, aby se napili ze studené tekoucí vody.

As he drank, Buck suddenly remembered John Thornton.

Zatímco pil, Buck si náhle vzpomněl na Johna Thorntona.

He sat down in silence, torn by the pull of loyalty and the calling.

Mlčky se posadil, zmítán touhou loajality a povolání.

The wolf trotted on, but came back to urge Buck forward.

Vlk klusal dál, ale vrátil se a pobídl Bucka vpřed.

He sniffed his nose and tried to coax him with soft gestures.

Očechral si nos a jemnými gesty se ho snažil přemluvit.

But Buck turned around and started back the way he came.

Ale Buck se otočil a vydal se zpět stejnou cestou, jakou přišel.

The wolf ran beside him for a long time, whining quietly.

Vlk dlouho běžel vedle něj a tiše kňučel.

Then he sat down, raised his nose, and let out a long howl.

Pak se posadil, zvedl čumák a vydal dlouze zavytí.

It was a mournful cry, softening as Buck walked away.

Byl to truchlivý výkřik, který slábl, jak Buck odcházel.

Buck listened as the sound of the cry faded slowly into the forest silence.

Buck poslouchal, jak zvuk křiku pomalu doznívá v lesním tichu.

John Thornton was eating dinner when Buck burst into the camp.

John Thornton jedl večeři, když Buck vtrhl do tábora.

Buck leapt upon him wildly, licking, biting, and tumbling him.

Buck na něj divoce skočil, olizoval ho, kousal a převaloval ho.

He knocked him over, scrambled on top, and kissed his face.

Srazil ho k zemi, vyšplhal se na něj a políbil ho na tvář.

Thornton called this "playing the general tom-fool" with affection.

Thornton to s láskou nazval „hráním si na obecného blázna".

All the while, he cursed Buck gently and shook him back and forth.

Celou dobu Bucka jemně proklínal a třásl s ním sem a tam.

For two whole days and nights, Buck never left the camp once.

Celé dva dny a noci Buck ani jednou neopustil tábor.

He kept close to Thornton and never let him out of his sight.

Držel se blízko Thorntona a nikdy ho nespouštěl z dohledu.

He followed him as he worked and watched him while he ate.

Sledoval ho, když pracoval, a pozoroval ho, zatímco jedl.

He saw Thornton into his blankets at night and out each morning.

Večer viděl Thorntona zahaleného do dek a každé ráno venku.

But soon the forest call returned, louder than ever before.

Ale brzy se lesní volání vrátilo, hlasitější než kdy dřív.

Buck grew restless again, stirred by thoughts of the wild wolf.

Buck se znovu znervózňoval, pohnut myšlenkami na divokého vlka.

He remembered the open land and running side by side.

Vzpomněl si na otevřenou krajinu a na běh bok po boku.

He began wandering into the forest once more, alone and alert.

Znovu se vydal na cestu lesem, sám a ostražitý.

But the wild brother did not return, and the howl was not heard.

Ale divoký bratr se nevrátil a vytí nebylo slyšet.

Buck started sleeping outside, staying away for days at a time.

Buck začal spát venku a zůstával pryč i celé dny.

Once he crossed the high divide where the creek had begun.

Jednou překročil vysoký rozvodí, kde pramenil potok.

He entered the land of dark timber and wide flowing streams.

Vstoupil do země temných lesů a širokých potoků.

For a week he roamed, searching for signs of the wild brother.

Týden se toulal a hledal známky svého divokého bratra.

He killed his own meat and travelled with long, tireless strides.

Zabíjel si vlastní maso a cestoval dlouhými, neúnavnými kroky.

He fished for salmon in a wide river that reached the sea.

Lovil lososy v široké řece, která sahala do moře.

There, he fought and killed a black bear maddened by bugs.

Tam bojoval a zabil černého medvěda rozzuřeného brouky.

The bear had been fishing and ran blindly through the trees.

Medvěd lovil ryby a poslepu běžel mezi stromy.

The battle was a fierce one, waking Buck's deep fighting spirit up.

Bitva byla nelítostná a probudila Buckovu hlubokou bojovnost.

Two days later, Buck returned to find wolverines at his kill.

O dva dny později se Buck vrátil a u své kořisti našel rosomáky.

A dozen of them quarreled over the meat in noisy fury.

Tucet z nich se hlučně a zuřivě hádalo o maso.

Buck charged and scattered them like leaves in the wind.

Buck se na ně vrhl a rozptýlil je jako listí ve větru.

Two wolves remained behind—silent, lifeless, and unmoving forever.
Dva vlci zůstali pozadu – tiší, bez života a navždy nehybní.

The thirst for blood grew stronger than ever.
Žízeň po krvi byla silnější než kdy dřív.

Buck was a hunter, a killer, feeding off living creatures.
Buck byl lovec, zabiják, který se živil živými tvory.

He survived alone, relying on his strength and sharp senses.
Přežil sám, spoléhal se na svou sílu a bystré smysly.

He thrived in the wild, where only the toughest could live.
Dařilo se mu v divočině, kde mohli žít jen ti nejtvrdší.

From this, a great pride rose up and filled Buck's whole being.
Z toho se v Buckovi zrodila velká hrdost a naplnila celou jeho bytost.

His pride showed in his every step, in the ripple of every muscle.
Jeho hrdost se projevovala v každém jeho kroku, v chvění každého svalu.

His pride was as clear as speech, seen in how he carried himself.
Jeho hrdost byla jasná jako řeč, což bylo patrné z toho, jak se držel.

Even his thick coat looked more majestic and gleamed brighter.
Dokonce i jeho hustá srst vypadala majestátněji a zářila jasněji.

Buck could have been mistaken for a giant timber wolf.
Bucka si mohli splést s obřím lesním vlkem.

Except for brown on his muzzle and spots above his eyes.
Kromě hnědé barvy na tlamě a skvrn nad očima.

And the white streak of fur that ran down the middle of his chest.
A bílý pruh srsti, který mu táhl středem hrudníku.

He was even larger than the biggest wolf of that fierce breed.
Byl dokonce větší než největší vlk té divoké rasy.

His father, a St. Bernard, gave him size and heavy frame.
Jeho otec, svatý Bernard, mu dal velikost a mohutnou postavu.

His mother, a shepherd, shaped that bulk into wolf-like form.

Jeho matka, pastýřka, vytvarovala tu masu do vlčí podoby.

He had the long muzzle of a wolf, though heavier and broader.

Měl dlouhý čenich vlka, i když mohutnější a širší.

His head was a wolf's, but built on a massive, majestic scale.

Jeho hlava byla vlčí, ale byla mohutná a majestátní.

Buck's cunning was the cunning of the wolf and of the wild.

Buckova lstivost byla lstivost vlka a divočiny.

His intelligence came from both the German Shepherd and St. Bernard.

Jeho inteligence pocházela jak od německého ovčáka, tak od svatého Bernarda.

All this, plus harsh experience, made him a fearsome creature.

To všechno, plus drsné zkušenosti, z něj udělaly děsivého tvora.

He was as formidable as any beast that roamed the northern wild.

Byl stejně impozantní jako kterákoli jiná bestie potulující se severní divočinou.

Living only on meat, Buck reached the full peak of his strength.

Buck, žijící pouze na mase, dosáhl vrcholu své síly.

He overflowed with power and male force in every fiber of him.

V každém vlákně svého těla překypoval mocí a mužskou silou.

When Thornton stroked his back, the hairs sparked with energy.

Když ho Thornton pohladil po zádech, chloupky se mu energií zajiskřily.

Each hair crackled, charged with the touch of living magnetism.

Každý vlas praskal, nabitý dotekem živoucí síly.

His body and brain were tuned to the finest possible pitch.

Jeho tělo i mozek byly naladěny na tu nejjemnější možnou notu.

Every nerve, fiber, and muscle worked in perfect harmony.

Každý nerv, vlákno a sval fungovaly v dokonalé harmonii.

To any sound or sight needing action, he responded instantly.

Na jakýkoli zvuk nebo pohled vyžadující akci reagoval okamžitě.

If a husky leaped to attack, Buck could leap twice as fast.

Pokud by husky skočil k útoku, Buck by dokázal skočit dvakrát rychleji.

He reacted quicker than others could even see or hear.

Reagoval rychleji, než ho ostatní stihli vidět nebo slyšet.

Perception, decision, and action all came in one fluid moment.

Vnímání, rozhodnutí a akce se odehrály v jednom plynulém okamžiku.

In truth, these acts were separate, but too fast to notice.

Ve skutečnosti byly tyto činy oddělené, ale příliš rychlé na to, aby si jich bylo možné všimnout.

So brief were the gaps between these acts, they seemed as one.

Mezery mezi těmito činy byly tak krátké, že se zdály být jedno.

His muscles and being was like tightly coiled springs.

Jeho svaly a bytost byly jako pevně stočené pružiny.

His body surged with life, wild and joyful in its power.

Jeho tělo překypovalo životem, divoké a radostné ve své síle.

At times he felt like the force was going to burst out of him entirely.

Občas měl pocit, jako by z něj ta síla každou chvíli vyprchala.

"Never was there such a dog," Thornton said one quiet day.

„Nikdy tu nebyl takový pes,“ řekl Thornton jednoho klidného dne.

The partners watched Buck striding proudly from the camp.

Partneři sledovali, jak Buck hrdě odchází z tábora.

"When he was made, he changed what a dog can be," said Pete.

„Když byl stvořen, změnil to, kým pes může být," řekl Pete.

"By Jesus! I think so myself," Hans quickly agreed.

„Při Ježíši! Myslím si to taky," souhlasil rychle Hans.

They saw him march off, but not the change that came after.

Viděli ho odcházet, ale ne změnu, která přišla potom.

As soon as he entered the woods, Buck transformed completely.

Jakmile Buck vstoupil do lesa, úplně se proměnil.

He no longer marched, but moved like a wild ghost among trees.

Už nepochodoval, ale pohyboval se jako divoký duch mezi stromy.

He became silent, cat-footed, a flicker passing through shadows.

Ztichl, našlapoval jako kočka, jako záblesk procházející stíny.

He used cover with skill, crawling on his belly like a snake.

Krytí používal obratně a plazil se po břiše jako had.

And like a snake, he could leap forward and strike in silence.

A jako had mohl vyskočit vpřed a tiše udeřit.

He could steal a ptarmigan straight from its hidden nest.

Mohl ukrást bělokura přímo z jeho skrytého hnízda.

He killed sleeping rabbits without a single sound.

Zabil spící králíky bez jediného zvuku.

He could catch chipmunks midair as they fled too slowly.

Dokázal chytit veverky ve vzduchu, když prchaly příliš pomalu.

Even fish in pools could not escape his sudden strikes.

Ani ryby v tůních neunikly jeho náhlým úderům.

Not even clever beavers fixing dams were safe from him.

Ani chytří bobři opravující hráze před ním nebyli v bezpečí.

He killed for food, not for fun—but liked his own kills best.

Zabíjel pro jídlo, ne pro zábavu – ale nejraději měl své vlastní úlovky.

Still, a sly humor ran through some of his silent hunts.

Přesto se některými jeho tichými lovy prolínal lstivý humor.

He crept up close to squirrels, only to let them escape.

Připlížil se blízko k veverkám, jen aby je nechal utéct.

They were going to flee to the trees, chattering in fearful outrage.

Chystali se uprchnout mezi stromy a štěbetat děsivým vztekem.

As fall came, moose began to appear in greater numbers.

S příchodem podzimu se losů začalo objevovat ve větším počtu.

They moved slowly into the low valleys to meet the winter.

Pomalu se přesouvali do nízkých údolí, aby se setkali se zimou.

Buck had already brought down one young, stray calf.

Buck už ukořistil jedno mladé, zatoulané tele.

But he longed to face larger, more dangerous prey.

Ale toužil čelit větší a nebezpečnější kořisti.

One day on the divide, at the creek's head, he found his chance.

Jednoho dne na rozvodí, u pramene potoka, našel svou šanci.

A herd of twenty moose had crossed from forested lands.

Stádo dvaceti losů přešlo přes lesnatou krajinu.

Among them was a mighty bull; the leader of the group.

Mezi nimi byl mocný býk; vůdce skupiny.

The bull stood over six feet tall and looked fierce and wild.

Býk měřil přes šest stop a vypadal divoce a zuřivě.

He tossed his wide antlers, fourteen points branching outward.

Odhodil svými širokými parohy, z nichž se čtrnáct špiček rozvětvovalo ven.

The tips of those antlers stretched seven feet across.

Špičky těchto paroží se táhly až dva metry napříč.

His small eyes burned with rage as he spotted Buck nearby.

Jeho malé oči hořely vzteky, když zahlédl Bucka poblíž.

He let out a furious roar, trembling with fury and pain.

Vydal zuřivý řev, třásl se vzteky a bolestí.

An arrow-end stuck out near his flank, feathered and sharp.

Z boku mu trčel konec šípu, opeřený a ostrý.
This wound helped explain his savage, bitter mood.
Tato rána pomáhala vysvětlit jeho divokou, hořkou náladu.
Buck, guided by ancient hunting instinct, made his move.
Buck, vedený starodávným loveckým instinktem, se pohnul.
He aimed to separate the bull from the rest of the herd.
Jeho cílem bylo oddělit býka od zbytku stáda.
This was no easy task—it took speed and fierce cunning.
To nebyl snadný úkol – vyžadovalo to rychlost a nelítostnou lstivost.
He barked and danced near the bull, just out of range.
Štěkal a tančil blízko býka, těsně mimo jeho dosah.
The moose lunged with huge hooves and deadly antlers.
Los se vrhl s obrovskými kopyty a smrtícími parohy.
One blow could have ended Buck's life in a heartbeat.
Jedna rána mohla Buckův život ukončit v mžiku.
Unable to leave the threat behind, the bull grew mad.
Býk, který nebyl schopen hrozbu nechat za sebou, se rozzuřil.
He charged in fury, but Buck always slipped away.
V zuřivosti se vrhl do útoku, ale Buck vždycky utekl.
Buck faked weakness, luring him farther from the herd.
Buck předstíral slabost a lákal ho tak dál od stáda.
But young bulls were going to charge back to protect the leader.
Ale mladí býci se chystali zaútočit, aby vůdce ochránili.
They forced Buck to retreat and the bull to rejoin the group.
Donutili Bucka ustoupit a býka, aby se znovu připojil ke skupině.
There is a patience in the wild, deep and unstoppable.
V divočině existuje trpělivost, hluboká a nezastavitelná.
A spider waits motionless in its web for countless hours.
Pavouk čeká nehybně ve své síti nespočet hodin.
A snake coils without twitching, and waits till it is time.
Had se svíjí bez škubnutí a čeká, až nastane čas.
A panther lies in ambush, until the moment arrives.
Panter číhá v záloze, dokud nenastane ten správný okamžik.
This is the patience of predators who hunt to survive.

To je trpělivost predátorů, kteří loví, aby přežili.

That same patience burned inside Buck as he stayed close.

Stejná trpělivost hořela v Buckovi, když zůstával nablízku.

He stayed near the herd, slowing its march and stirring fear.

Zůstal blízko stáda, zpomaloval jeho pochod a vyvolával strach.

He teased the young bulls and harassed the mother cows.

Škádlil mladé býky a obtěžoval kravské matky.

He drove the wounded bull into a deeper, helpless rage.

Dohnal zraněného býka k hlubšímu, bezmocnému vzteku.

For half a day, the fight dragged on with no rest at all.

Půl dne se boj vlekl bez jakéhokoli odpočinku.

Buck attacked from every angle, fast and fierce as wind.

Buck útočil ze všech úhlů, rychlý a divoký jako vítr.

He kept the bull from resting or hiding with its herd.

Zabraňoval býkovi odpočívat nebo se schovávat se svým stádem.

Buck wore down the moose's will faster than its body.

Buck unavoval losovu vůli rychleji než jeho tělo.

The day passed and the sun sank low in the northwest sky.

Den uplynul a slunce kleslo nízko na severozápadní obloze.

The young bulls returned more slowly to help their leader.

Mladí býci se vraceli pomaleji, aby pomohli svému vůdci.

Fall nights had returned, and darkness now lasted six hours.

Vrátily se podzimní noci a tma nyní trvala šest hodin.

Winter was pressing them downhill into safer, warmer valleys.

Zima je tlačila z kopce do bezpečnějších a teplejších údolí.

But still they couldn't escape the hunter that held them back.

Ale stále nemohli uniknout lovci, který je zadržoval.

Only one life was at stake—not the herd's, just their leader's.

V sázce byl jen jeden život – ne život stáda, ale život jejich vůdce.

That made the threat distant and not their urgent concern.

Díky tomu byla hrozba vzdálená a ne jejich naléhavým problémem.

In time, they accepted this cost and let Buck take the old bull.

Časem tuto cenu akceptovali a nechali Bucka, ať si starého býka vezme.

As twilight settled in, the old bull stood with his head down.

Když se snášel soumrak, starý býk stál se sklopenou hlavou.

He watched the herd he had led vanish into the fading light.

Sledoval, jak stádo, které vedl, mizí v slábnoucím světle.

There were cows he had known, calves he had once fathered.

Byly tam krávy, které znal, telata, jejichž byl kdysi otcem.

There were younger bulls he had fought and ruled in past seasons.

V minulých sezónách bojoval s mladšími býky a vládl jim.

He could not follow them—for before him crouched Buck again.

Nemohl je následovat – před ním se totiž znovu krčil Buck.

The merciless fanged terror blocked every path he might take.

Nemilosrdná hrůza s tesáky mu blokovala každou cestu, kterou se mohl vydat.

The bull weighed more than three hundredweight of dense power.

Býk vážil více než tři sta kilogramů husté síly.

He had lived long and fought hard in a world of struggle.

Žil dlouho a tvrdě bojoval ve světě plném bojů.

Yet now, at the end, death came from a beast far beneath him.

Přesto teď, na konci, smrt přišla od bestie hluboko pod ním.

Buck's head did not even rise to the bull's huge knuckled knees.

Buckova hlava se ani nezvedla k býčím obrovským, kloubatým kolenům.

From that moment on, Buck stayed with the bull night and day.

Od té chvíle zůstával Buck s býkem dnem i nocí.

He never gave him rest, never allowed him to graze or drink.

Nikdy mu nedal odpočinek, nikdy mu nedovolil se pást ani pít.

The bull tried to eat young birch shoots and willow leaves.

Býk se snažil sežrat mladé březové výhonky a vrbové listy.

But Buck drove him off, always alert and always attacking.

Ale Buck ho odehnal, vždycky ve střehu a pořád útočil.

Even at trickling streams, Buck blocked every thirsty attempt.

I u tekoucí vody Buck blokoval každý žíznivý pokus.

Sometimes, in desperation, the bull fled at full speed.

Někdy býk v zoufalství uprchl plnou rychlostí.

Buck let him run, loping calmly just behind, never far away.

Buck ho nechal běžet, klidně pobíhal hned za ním, nikdy nebyl daleko.

When the moose paused, Buck lay down, but stayed ready.

Když se los zastavil, Buck si lehl, ale zůstal připravený.

If the bull tried to eat or drink, Buck struck with full fury.

Pokud se býk pokusil jíst nebo pít, Buck udeřil s plnou zuřivostí.

The bull's great head sagged lower under its vast antlers.

Býčí mohutná hlava se pod mohutnými parohy schýlila níž.

His pace slowed, the trot became a heavy; a stumbling walk.

Jeho tempo zpomalilo, klus se změnil v těžký; klopýtající chůzi.

He often stood still with drooped ears and nose to the ground.

Často stál nehybně se sklopenýma ušima a čumákem u země.

During those moments, Buck took time to drink and rest.

Během těchto chvil si Buck udělal čas na pití a odpočinek.

Tongue out, eyes fixed, Buck sensed the land was changing.

S vyplazeným jazykem a upřenýma očima Buck cítil, že se krajina mění.

He felt something new moving through the forest and sky.

Cítil, jak se lesem a oblohou pohybuje něco nového.

As moose returned, so did other creatures of the wild.

S návratem losů se vraceli i další divoká zvířata.

The land felt alive with presence, unseen but strongly known.

Země se zdála být plně oživená, neviditelná, ale silně známá.

It was not by sound, sight, nor by scent that Buck knew this.

Buck to nepoznal zvukem, zrakem ani čichem.

A deeper sense told him that new forces were on the move.

Hlubší smysl mu napovídal, že se hýbou nové síly.

Strange life stirred through the woods and along the streams.

V lesích a podél potoků se vířil zvláštní život.

He resolved to explore this spirit, after the hunt was complete.

Rozhodl se, že po skončení lovu tohoto ducha prozkoumá.

On the fourth day, Buck brought down the moose at last.

Čtvrtého dne Buck konečně losa ulovil.

He stayed by the kill for a full day and night, feeding and resting.

Zůstal u kořisti celý den a noc, krmil se a odpočíval.

He ate, then slept, then ate again, until he was strong and full.

Jedl, pak spal a pak zase jedl, dokud nebyl silný a sytý.

When he was ready, he turned back toward camp and Thornton.

Když byl připraven, otočil se zpět k táboru a Thorntonu.

With steady pace, he began the long return journey home.

Stabilním tempem se vydal na dlouhou cestu domů.

He ran in his tireless lope, hour after hour, never once straying.

Běžel svým neúnavným klusem, hodinu za hodinou, a ani jednou se neodchýlil od cesty.

Through unknown lands, he moved straight as a compass needle.

Neznámými zeměmi se pohyboval přímo jako střelka kompasu.

His sense of direction made man and map seem weak by comparison.

Jeho smysl pro orientaci v porovnání s ním působil slabě, člověk i mapa.

As Buck ran, he felt more strongly the stir in the wild land.

Jak Buck běžel, cítil stále silněji pohyb v divočině.

It was a new kind of life, unlike that of the calm summer months.

Byl to nový druh života, na rozdíl od života v klidných letních měsících.

This feeling no longer came as a subtle or distant message.

Tento pocit už nepřicházel jako jemné nebo vzdálené poselství.

Now the birds spoke of this life, and squirrels chattered about it.

Nyní o tomto životě mluvili ptáci a veverky o něm štěbetaly.

Even the breeze whispered warnings through the silent trees.

Dokonce i vánek šeptal varování skrz tiché stromy.

Several times he stopped and sniffed the fresh morning air.

Několikrát se zastavil a nasál čerstvý ranní vzduch.

He read a message there that made him leap forward faster.

Přečetl si tam zprávu, která ho přiměla rychleji vykročit vpřed.

A heavy sense of danger filled him, as if something had gone wrong.

Naplnil ho těžký pocit nebezpečí, jako by se něco pokazilo.

He feared calamity was coming—or had already come.

Bál se, že se blíží – nebo už přišla – pohroma.

He crossed the last ridge and entered the valley below.

Přešel poslední hřeben a vstoupil do údolí pod ním.

He moved more slowly, alert and cautious with every step.

Pohyboval se pomaleji, s každým krokem ostražitě a opatrně.

Three miles out he found a fresh trail that made him stiffen.

Po třech mílích narazil na novou stezku, která ho ztuhla.

The hair along his neck rippled and bristled in alarm.

Vlasy na krku se mu zježily a zavlnily poplachem.

The trail led straight toward the camp where Thornton waited.

Stezka vedla přímo k táboru, kde čekal Thornton.

Buck moved faster now, his stride both silent and swift.

Buck se teď pohyboval rychleji, jeho kroky byly tiché a rychlé zároveň.

His nerves tightened as he read signs others were going to miss.

Nervy se mu napínaly, když četl náznaky, které ostatní přehlédnou.

Each detail in the trail told a story—except the final piece.

Každý detail na stezce vyprávěl příběh – kromě posledního kousku.

His nose told him about the life that had passed this way.

Jeho nos mu vyprávěl o životě, který tudy uplynul.

The scent gave him a changing picture as he followed close behind.

Vůně mu, jak ho těsně následoval, vykreslovala proměnlivý obraz.

But the forest itself had gone quiet; unnaturally still.

Ale les sám ztichl; byl nepřirozeně tichý.

Birds had vanished, squirrels were hidden, silent and still.

Ptáci zmizeli, veverky se schovaly, tiché a nehybné.

He saw only one gray squirrel, flat on a dead tree.

Viděl jen jednu šedou veverku, ležící na mrtvém stromě.

The squirrel blended in, stiff and motionless like a part of the forest.

Veverka se vmísila do lesa, ztuhlá a nehybná.

Buck moved like a shadow, silent and sure through the trees.

Buck se pohyboval jako stín, tiše a jistě mezi stromy.

His nose jerked sideways as if pulled by an unseen hand.

Jeho nos se trhl do strany, jako by ho tahala neviditelná ruka.

He turned and followed the new scent deep into a thicket.

Otočil se a vydal se za novým pachem hluboko do houští.

There he found Nig, lying dead, pierced through by an arrow.

Tam našel Niga, ležícího mrtvého, probodnutého šípem.

The shaft passed clear through his body, feathers still showing.

Šíp prošel jeho tělem, peří bylo stále vidět.

Nig had dragged himself there, but died before reaching help.

Nig se tam dotáhl sám, ale zemřel dříve, než se dostal k pomoci.

A hundred yards farther on, Buck found another sled dog.

O sto metrů dál Buck našel dalšího spřežení.

It was a dog that Thornton had bought back in Dawson City.

Byl to pes, kterého Thornton koupil v Dawson City.

The dog was in a death struggle, thrashing hard on the trail.

Pes se zmítal na smrt a tvrdě se třepal po stezce.

Buck passed around him, not stopping, eyes fixed ahead.

Buck ho obešel, nezastavoval se a upíral zrak před sebe.

From the direction of the camp came a distant, rhythmic chant.

Z tábora se ozýval vzdálený, rytmický zpěv.

Voices rose and fell in a strange, eerie, sing-song tone.

Hlasy se ozývaly podivným, tajemným, zpívajícím tónem.

Buck crawled forward to the edge of the clearing in silence.

Buck se mlčky plazil vpřed k okraji mýtiny.

There he saw Hans lying face-down, pierced with many arrows.

Tam uviděl Hanse ležícího tváří dolů, probodnutého mnoha šípy.

His body looked like a porcupine, bristling with feathered shafts.

Jeho tělo vypadalo jako dikobraz, poseté opeřenými šípy.

At the same moment, Buck looked toward the ruined lodge.

Ve stejném okamžiku se Buck podíval směrem k rozbořené chatě.

The sight made the hair rise stiff on his neck and shoulders.

Z toho pohledu se mu zježily vlasy na krku a ramenou.

A storm of wild rage swept through Buck's whole body.

Buckovým tělem se prohnala bouře divokého vzteku.

He growled aloud, though he did not know that he had.

Zavrčel nahlas, i když o tom nevěděl.

The sound was raw, filled with terrifying, savage fury.

Zvuk byl syrový, plný děsivé, divoké zuřivosti.

For the last time in his life, Buck lost reason to emotion.
Buck naposledy v životě ztratil rozum.

It was love for John Thornton that broke his careful control.
Byla to láska k Johnu Thorntonovi, která zlomila jeho pečlivou sebeovládání.

The Yeehats were dancing around the wrecked spruce lodge.
Yeehatové tančili kolem zřícené smrkové chatrče.

Then came a roar—and an unknown beast charged toward them.
Pak se ozval řev – a neznámá bestie se k nim vrhla.

It was Buck; a fury in motion; a living storm of vengeance.
Byl to Buck; zuřivost v pohybu; živoucí bouře pomsty.

He flung himself into their midst, mad with the need to kill.
Vrhnul se mezi ně, šílený touhou zabíjet.

He leapt at the first man, the Yeehat chief, and struck true.
Skočil na prvního muže, náčelníka Yeehatů, a udeřil přímo do cíle.

His throat was ripped open, and blood spouted in a stream.
Měl roztržené hrdlo a krev z něj stříkala proudem.

Buck did not stop, but tore the next man's throat with one leap.
Buck se nezastavil, ale jedním skokem roztrhl hrdlo dalšímu muži.

He was unstoppable—ripping, slashing, never pausing to rest.
Byl nezastavitelný – trhal, sekal a nikdy se nezastavil k odpočinku.

He darted and sprang so fast their arrows could not touch him.
Vrhl se a skákal tak rychle, že se ho jejich šípy nemohly zasáhnout.

The Yeehats were caught in their own panic and confusion.
Yeehati byli zachváceni vlastní panikou a zmatkem.

Their arrows missed Buck and struck one another instead.
Jejich šípy minuly Bucka a místo toho se zasáhly jeden navzájem.

One youth threw a spear at Buck and hit another man.

Jeden mladík hodil po Buckovi kopí a zasáhl jiného muže.

The spear drove through his chest, the point punching out his back.

Kopí mu probodlo hruď a hrot mu vyrazil záda.

Terror swept over the Yeehats, and they broke into full retreat.

Yeehaty zachvátil strach a oni se dali na úplný ústup.

They screamed of the Evil Spirit and fled into the forest shadows.

Křičeli na zlého ducha a uprchli do lesních stínů.

Truly, Buck was like a demon as he chased the Yeehats down.

Buck byl vskutku jako démon, když pronásledoval Yeehaty.

He tore after them through the forest, bringing them down like deer.

Hnal se za nimi lesem a srážel je k zemi jako jeleny.

It became a day of fate and terror for the frightened Yeehats.

Pro vyděšené Yeehaty se to stal dnem osudu a hrůzy.

They scattered across the land, fleeing far in every direction.

Rozprchli se po celé zemi a prchali všemi směry.

A full week passed before the last survivors met in a valley.

Uplynul celý týden, než se poslední přeživší setkali v údolí.

Only then did they count their losses and speak of what happened.

Teprve pak spočítali své ztráty a mluvili o tom, co se stalo.

Buck, after tiring of the chase, returned to the ruined camp.

Buck se unavil honičkou a vrátil se do zničeného tábora.

He found Pete, still in his blankets, killed in the first attack.

Našel Peta, stále zabaleného v dekách, zabitého při prvním útoku.

Signs of Thornton's last struggle were marked in the dirt nearby.

V nedaleké hlíně byly patrné stopy Thorntonova posledního boje.

Buck followed every trace, sniffing each mark to a final point.

Buck sledoval každou stopu a čichal ke každému znaménku až do konečného bodu.

At the edge of a deep pool, he found faithful Skeet, lying still.

Na okraji hluboké tůně našel věrného Skeeta, jak nehybně leží.

Skeet's head and front paws were in the water, unmoving in death.

Skeetova hlava a přední tlapky byly ve vodě, nehybné jako smrt.

The pool was muddy and tainted with runoff from the sluice boxes.

Bazén byl kalný a znečištěný odtokem ze zdymadel.

Its cloudy surface hid what lay beneath, but Buck knew the truth.

Jeho zakalený povrch skrýval, co leželo pod ním, ale Buck znal pravdu.

He tracked Thornton's scent into the pool — but the scent led nowhere else.

Sledoval Thorntonův pach do bazénu – ale pach nikam jinam nevedl.

There was no scent leading out — only the silence of deep water.

Nebyl z něj cítit žádný pach – jen ticho hluboké vody.

All day Buck stayed near the pool, pacing the camp in grief.

Celý den Buck zůstal u jezírka a zarmouceně přecházel po táboře.

He wandered restlessly or sat in stillness, lost in heavy thought.

Neklidně se toulal nebo seděl v tichosti, pohroužený do těžkých myšlenek.

He knew death; the ending of life; the vanishing of all motion.

Znal smrt; konec života; mizení veškerého pohybu.

He understood that John Thornton was gone, never to return.

Chápal, že John Thornton je pryč a už se nikdy nevrátí.

The loss left an empty space in him that throbbed like hunger.

Ztráta v něm zanechala prázdnotu, která pulzovala jako hlad.

But this was a hunger food could not ease, no matter how much he ate.

Ale tohle byl hlad, který jídlo nemohlo utišit, ať snědl sebevíc.

At times, as he looked at the dead Yeehats, the pain faded.

Občas, když se podíval na mrtvé Yeehaty, bolest polevovala.

And then a strange pride rose inside him, fierce and complete.

A pak se v něm zvedla podivná hrdost, prudká a nezdolná.

He had killed man, the highest and most dangerous game of all.

Zabil člověka, což byla ta nejvyšší a nejnebezpečnější zvěř ze všech.

He had killed in defiance of the ancient law of club and fang.

Zabil v rozporu se starodávným zákonem kyje a tesáku.

Buck sniffed their lifeless bodies, curious and thoughtful.

Buck zvědavě a zamyšleně čichal k jejich bezvládným tělům.

They had died so easily—much easier than a husky in a fight.

Zemřeli tak snadno – mnohem snadněji než husky v boji.

Without their weapons, they had no true strength or threat.

Bez zbraní neměli žádnou skutečnou sílu ani hrozbu.

Buck was never going to fear them again, unless they were armed.

Buck se jich už nikdy nebude bát, pokud nebudou ozbrojeni.

Only when they carried clubs, spears, or arrows he'd beware.

Dával si pozor jen tehdy, když nosili kyje, oštěpy nebo šípy.

Night fell, and a full moon rose high above the tops of the trees.

Padla noc a úplněk vystoupil vysoko nad koruny stromů.

The moon's pale light bathed the land in a soft, ghostly glow like day.

Bledé světlo měsíce zalévalo zemi jemnou, přízračnou září jako ve dne.

As the night deepened, Buck still mourned by the silent pool.

Jak se noc prohlubovala, Buck stále truchlil u tichého jezírka.

Then he became aware of a different stirring in the forest.

Pak si v lese uvědomil jiný ruch.

The stirring was not from the Yeehats, but from something older and deeper.

To rušení nevycházelo od Yeehatů, ale z něčeho staršího a hlubšího.

He stood up, ears lifted, nose testing the breeze with care.

Vstal, zvedl uši a opatrně zkoušel nosem vítr.

From far away came a faint, sharp yelp that pierced the silence.

Z dálky se ozvalo slabé, ostré vyštěknutí, které prořízlo ticho.

Then a chorus of similar cries followed close behind the first.

Pak se těsně za prvním ozval sbor podobných výkřiků.

The sound drew nearer, growing louder with each passing moment.

Zvuk se blížil a s každou chvíli sílil.

Buck knew this cry — it came from that other world in his memory.

Buck tenhle výkřik znal – vycházel z onoho jiného světa v jeho paměti.

He walked to the center of the open space and listened closely.

Došel doprostřed otevřeného prostoru a pozorně naslouchal.

The call rang out, many-noted and more powerful than ever.

Ozvalo se volání, mnohohlasné a silnější než kdy dřív.

And now, more than ever before, Buck was ready to answer his calling.

A nyní, více než kdy jindy, byl Buck připraven odpovědět na své volání.

John Thornton was dead, and no tie to man remained within him.

John Thornton byl mrtvý a nezůstalo v něm žádné pouto k
člověku.

Man and all human claims were gone — he was free at last.
Člověk a všechny lidské nároky byly pryč – konečně byl
svobodný.

The wolf pack were chasing meat like the Yeehats once had.
Vlčí smečka se honila za masem, stejně jako kdysi Yeehatové.

They had followed moose down from the timbered lands.
Sledovali losy dolů z zalesněných oblastí.

Now, wild and hungry for prey, they crossed into his valley.
Nyní, divocí a hladoví po kořisti, přešli do jeho údolí.

**Into the moonlit clearing they came, flowing like silver
water.**
Vběhli na měsíční mýtinu, tekoucí jako stříbrná voda.

**Buck stood still in the center, motionless and waiting for
them.**
Buck stál nehybně uprostřed, nehybně a čekal na ně.

**His calm, large presence stunned the pack into a brief
silence.**
Jeho klidná, mohutná přítomnost ohromila smečku a na chvíli
umlčela.

**Then the boldest wolf leapt straight at him without
hesitation.**
Pak se na něj bez váhání vrhl přímo ten nejodvážnější vlk.

Buck struck fast and broke the wolf's neck in a single blow.
Buck udeřil rychle a jedinou ranou zlomil vlkovi vaz.

**He stood motionless again as the dying wolf twisted behind
him.**
Znovu stál bez hnutí, zatímco se za ním umírající vlk kroutil.

Three more wolves attacked quickly, one after the other.
Další tři vlci rychle zaútočili, jeden po druhém.

Each retreated bleeding, their throats or shoulders slashed.
Každý ustoupil a krvácel, měli podřezané hrdlo nebo ramena.

**That was enough to trigger the whole pack into a wild
charge.**
To stačilo k tomu, aby se celá smečka rozpoutala k divokému
útoku.

They rushed in together, too eager and crowded to strike well.

Vběhli dovnitř společně, příliš dychtiví a natlačení na to, aby dobře zasáhli.

Buck's speed and skill allowed him to stay ahead of the attack.

Buckova rychlost a dovednosti mu umožnily udržet si náskok před útokem.

He spun on his hind legs, snapping and striking in all directions.

Otočil se na zadních nohách, švihal a švihal všemi směry.

To the wolves, this seemed like his defense never opened or faltered.

Vlkům se zdálo, že jeho obrana se nikdy neotevřela ani nezakolísala.

He turned and slashed so quickly they could not get behind him.

Otočil se a sekl tak rychle, že se k němu nemohli dostat.

Nonetheless, their numbers forced him to give ground and fall back.

Jejich počet ho nicméně donutil ustoupit a ustoupit.

He moved past the pool and down into the rocky creek bed.

Prošel kolem tůně a sestoupil do kamenitého koryta potoka.

There he came up against a steep bank of gravel and dirt.

Tam narazil na strmý břeh ze štěrku a hlíny.

He edged into a corner cut during the miners' old digging.

Během starého kopání horníků se na hraně dostal do rohového výkopu.

Now, protected on three sides, Buck faced only the front wolf.

Nyní, chráněný ze tří stran, čelil Buck pouze přednímu vlkovi.

There, he stood at bay, ready for the next wave of assault.

Tam stál v šachu, připravený na další vlnu útoku.

Buck held his ground so fiercely that the wolves drew back.

Buck se tak zuřivě držel svého místa, že vlci ustoupili.

After half an hour, they were worn out and visibly defeated.

Po půl hodině byli vyčerpaní a viditelně poraženi.

Their tongues hung out, their white fangs gleamed in moonlight.

Jejich jazyky visely a jejich bílé tesáky se leskly v měsíčním světle.

Some wolves lay down, heads raised, ears pricked toward Buck.

Někteří vlci si lehli se zvednutými hlavami a nastraženými ušima směrem k Buckovi.

Others stood still, alert and watching his every move.

Ostatní stáli nehybně, ostražitě a sledovali každý jeho pohyb.

A few wandered to the pool and lapped up cold water.

Pár lidí se zatoulalo k bazénu a napilo se studené vody.

Then one long, lean gray wolf crept forward in a gentle way.

Pak se jeden dlouhý, hubený šedý vlk tiše připlížil vpřed.

Buck recognized him — it was the wild brother from before.

Buck ho poznal – byl to ten divoký bratr z dřívějška.

The gray wolf whined softly, and Buck replied with a whine.

Šedý vlk tiše zakňučel a Buck mu odpověděl kňučením.

They touched noses, quietly and without threat or fear.

Dotkli se nosy, tiše a bez hrozby či strachu.

Next came an older wolf, gaunt and scarred from many battles.

Další přišel starší vlk, vyhublý a zjizvený z mnoha bitev.

Buck started to snarl, but paused and sniffed the old wolf's nose.

Buck začal vrčet, ale pak se zarazil a očichal starému vlkovi k čumáku.

The old one sat down, raised his nose, and howled at the moon.

Stařík se posadil, zvedl nos a zavýjel na měsíc.

The rest of the pack sat down and joined in the long howl.

Zbytek smečky se posadil a připojil se k dlouhému vytí.

And now the call came to Buck, unmistakable and strong.

A teď k Buckovi dolehlo volání, nezaměnitelné a silné.

He sat down, lifted his head, and howled with the others.

Posadil se, zvedl hlavu a zavýl s ostatními.

When the howling ended, Buck stepped out of his rocky shelter.
Když vytí ustalo, Buck vyšel ze svého skalnatého úkrytu.

The pack closed in around him, sniffing both kindly and warily.
Smečka se kolem něj sevřela a laskavě i ostražitě čichala.

Then the leaders gave the yelp and dashed off into the forest.
Pak vůdci vyštěkli a rozběhli se do lesa.

The other wolves followed, yelping in chorus, wild and fast in the night.
Ostatní vlci je následovali a štěkali ve sboru, divoce a rychle v noci.

Buck ran with them, beside his wild brother, howling as he ran.
Buck běžel s nimi vedle svého divokého bratra a při běhu vyl.

Here, the story of Buck does well to come to its end.
Zde se Buckův příběh dobře uzavírá.

In the years that followed, the Yeehats noticed strange wolves.
V následujících letech si Yeehati všimli podivných vlků.

Some had brown on their heads and muzzles, white on the chest.
Někteří měli na hlavě a čenichu hnědou barvu a na hrudi bílou.

But even more, they feared a ghostly figure among the wolves.
Ale ještě víc se báli přízračné postavy mezi vlky.

They spoke in whispers of the Ghost Dog, leader of the pack.
Šeptem mluvili o Duchovém psu, vůdci smečky.

This Ghost Dog had more cunning than the boldest Yeehat hunter.
Tento Duchový pes byl mazanější než nejodvážnější lovec Yeehatů.

The ghost dog stole from camps in deep winter and tore their traps apart.

Duchový pes kradl z táborů v hluboké zimě a roztrhal jim pasti.

The ghost dog killed their dogs and escaped their arrows without a trace.

Duch psa zabil jejich psy a beze stopy unikl jejich šípům.

Even their bravest warriors feared to face this wild spirit.

I jejich nejstatečnější válečníci se báli čelit tomuto divokému duchu.

No, the tale grows darker still, as the years pass in the wild.

Ne, příběh se s plynoucími lety v divočině stává stále temnějším.

Some hunters vanish and never return to their distant camps.

Někteří lovci zmizí a už se nikdy nevrátí do svých vzdálených táborů.

Others are found with their throats torn open, slain in the snow.

Jiní jsou nalezeni s roztrhaným hrdlem, zabiti ve sněhu.

Around their bodies are tracks—larger than any wolf could make.

Kolem jejich těl jsou stopy – větší, než by je dokázal udělat jakýkoli vlk.

Each autumn, Yeehats follow the trail of the moose.

Každý podzim sledují Yeehati stopu losa.

But they avoid one valley with fear carved deep into their hearts.

Ale jednomu údolí se vyhýbají se strachem vrytým hluboko do srdcí.

They say the valley is chosen by the Evil Spirit for his home.

Říká se, že údolí si za svůj domov vybral zlý duch.

And when the tale is told, some women weep beside the fire.

A když se ten příběh vypráví, některé ženy pláčou u ohně.

But in summer, one visitor comes to that quiet, sacred valley.

Ale v létě do onoho tichého, posvátného údolí přijde jeden návštěvník.

The Yeehats do not know of him, nor could they understand.

Yeehati o něm neznají, ani by mu nemohli porozumět.

The wolf is a great one, coated in glory, like no other of his kind.

Vlk je skvělý, ostříhaný slávou, jako žádný jiný svého druhu.

He alone crosses from green timber and enters the forest glade.

Sám přechází přes zelený les a vstupuje na lesní mýtinu.

There, golden dust from moose-hide sacks seeps into the soil.

Tam se do půdy vsakuje zlatavý prach z pytlů z losí kůže.

Grass and old leaves have hidden the yellow from the sun.

Tráva a staré listí skryly žlutou barvu před sluncem.

Here, the wolf stands in silence, thinking and remembering.

Zde vlk mlčky stojí, přemýšlí a vzpomíná.

He howls once—long and mournful—before he turns to go.

Zavyje jednou – dlouze a truchlivě – než se otočí k odchodu.

Yet he is not always alone in the land of cold and snow.

Přesto není v zemi chladu a sněhu vždycky sám.

When long winter nights descend on the lower valleys.

Když se na dolní údolí snesou dlouhé zimní noci.

When the wolves follow game through moonlight and frost.

Když vlci pronásledují zvěř za měsíčního svitu a mrazu.

Then he runs at the head of the pack, leaping high and wild.

Pak běží v čele smečky, skáče vysoko a divoce.

His shape towers over the others, his throat alive with song.

Jeho postava se tyčí nad ostatními, v hrdle mu zní zpěv.

It is the song of the younger world, the voice of the pack.

Je to píseň mladšího světa, hlas smečky.

He sings as he runs—strong, free, and forever wild.

Zpívá si, když běží – silný, svobodný a navždy divoký.